JN303859

MINERVA
福祉ライブラリー
94

保育者の現在

専門性と労働環境

垣内国光・東社協保育士会 編著

ミネルヴァ書房

はじめに

　この本は，東京都社会福祉協議会保育部会保育士会（以下，東社協保育士会）が実施した「保育者の労働環境と専門性に関する調査」の結果をまとめた，『こどものえがおにあえるから——保育者の労働実態と専門性に関するアンケート調査報告書』（2006年）（以下，「調査報告書」）のデータをもとにして，今日，現場の保育者たちが抱える問題，とくに専門性と労働条件の問題を明らかにするために編まれたものです。
　2003年に保育士資格が国家資格化され専門職としての責任と役割が明確になり，子育て支援政策も進められるなかで，保育園や保育士にたいして社会からの期待は高まる一方です。現場では，活き活きと保育をしたい，子どもたちがより健やかに育つように自分自身も豊かでありたい，研修を深めもっと専門性を高めたいとの要求が渦巻いています。東社協保育士会も保育の専門職組織として，実践を深め保育の質を引き上げるためにたゆまない努力を続けてきました。
　しかし，そんな願いとは裏腹に，現場の保育士たちは，希望を持って実践し続けることができなくなってきている不安を訴えるようになってきました。体調を崩したりする保育士も増えています。
　いま，国も自治体も既存の保育制度の見直しをすすめており，保育所運営への企業参入や公立保育園の民営化，認定こども園開設などにみられるなどの規制緩和や自治体加算の廃止が行われています。そうした政策の動きによって，もっとも影響を受けているのが保育現場です。子どもたちの保育，そして保育者の専門性と労働条件です。つぎの意見は「調査報告書」の自由記述欄に書かれた35〜39歳層の保育者の切実な声です。

個人の努力や園の努力ももちろん大切ですが，今は，もう，それだけでは，やっていけない状況のように思います。福祉職場は，どこも悲鳴をあげているのではないでしょうか。社会のあり方，そのものを考えていかなければならないのでしょうね。このままだと将来「保育士」のなり手もなくなってしまいそう。悲しい結果にならないように，今やれることを精一杯やっていきたいと思います。

　保育現場の現実をしっかり把握することなしに明日の保育を語ることはもはやできなくなっています。「調査報告書」の800名の現場保育者のデータは今日の保育現場の実態を浮き彫りにし，これからの保育を考えるための論点をいくつも示唆しているように思います。この「調査報告書」にたいして現場から反響が多くあり，研究者の方々からも資料紹介の連絡があるなど関心が寄せられています。

　私ども東社協保育士会は，保育の専門性と労働実態についてさらに大きな議論が巻き起こることを期待して，垣内国光先生と共同で本書を発行することにしました。感想などを東社協保育士会にお寄せくだされば望外の喜びです。

　本書が発行されるまでには保育士会のメンバー，調査集計をしてくださったかながわ総研の三浦伸子さん，玉稿をお寄せくださった清水玲子先生，加藤繁美先生，そして，何よりもアンケート調査の内容から集計，まとめ，報告書の発行と多大な労力と知恵をおかしいただいた垣内国光先生と，本当に多くの方々にご協力いただきました。心より御礼申し上げます。

　　2007年8月

東社協保育士会　会長

中村美奈子

目 次

はじめに

序章　保育士会のあゆみに見る保育者のすがた … 1
　　　──私たちがめざしてきた専門職としての保育者

　1 人並みの生活を──保母の会ができるころ　*1*

　2 私が保母助手として働き始めたころ　*6*

　3 保育に光が差し込んだころ　*8*

　4 東社協保母の会の職員になって　*11*

　5 差し込んだ光を消さないで　*16*

第Ⅰ部　保育者の労働実態と専門性

1章　保育者の労働環境と専門性の現実 … 25
　　　──東社協保育士会「保育者の労働環境と
　　　　専門性に関する調査」から

　1 保育者（看護師を含む）の労働実態　*26*

　2 保育者の専門性の意識　*30*

　3 保育者の健康状態　*36*

　4 職業生活に関する不安やストレス　*38*

　5 保育者の1日　*50*

2章 調査結果の分析……………………………………………59
　　　——保育の専門性とは何かを考える素材として

　1　なぜ今，保育士の労働環境と専門性が問題なのか　59
　2　調査結果の分析　60
　3　21世紀の子育て支援の核——保育のプロとして生きる　66

3章 現場シンポジウム　保育の仕事ってたいへん!!……………69
　　　——揺らぎながらでも続けたい

　1　問題提起——保育者の実態抜きに保育の質は語れない　69
　2　20代保育士の思い　70
　3　30代保育士の思い　73
　4　40代保育士の思い　76
　5　50代保育士の思い　80
　6　参加者の意見から　83
　7　まとめ——保育者として働いていてよかったと
　　　　言えるように　85

――――――――第Ⅱ部　保育の質と専門性・労働条件の関係――――――――

4章 子どもも大人も認められていると実感できる
　　　保育を考えるために………………………………………91

　1　子ども理解を徹底する　92
　2　子ども理解と保育実践　96
　3　保育者も安心して保育できるために　101

目次

5章　時代が求める保育実践の質と保育者の実践力量…………105

 1　「保育する専門家」の専門性を科学する　105
 2　おもしろくなければ保育ではない　107
 3　親との対応に苦悩の声を上げる保育者たち　110
 4　「気になる子ども」に苦悩の声を上げる保育者たち　115
 5　時代が求める保育実践の質と保育者の実践力量　117
 6　マイナーな専門家としての保育者に求められる専門性　120

6章　プロとして保育者を処遇する……………………………125
 ――保育の質・専門性・労働条件

 1　聖職としての保育者から専門職としての保育者へ　125
 2　市場化のもとでの保育労働・保育実践の変質　133
 3　保育の質・専門性・労働条件　141
 4　悩み深き現代日本の保育者――調査に見る現実　147
 5　保育者をプロとして処遇してこそ　154

資料　「保育者の労働環境と専門性に関する調査」調査票……………159

さくいん…………………………………………………………………171

「準備はいい?」

「OK!」

序章 保育士会のあゆみに見る保育者のすがた

——私たちがめざしてきた専門職としての保育者

福留　光子（東社協保育士会前事務局長）

1　人並みの生活を——保母の会ができるころ

保母組織の先輩である「東京保母の会」

　保育所への入所措置は1948（昭和23）年より開始されています。こどもの日制定，（児童憲章制定1951・昭和26年）など，形は整えられていきましたが，保育園では，ゼロ・1歳児は10人に保母（現保育士）1人，2歳以上児は30人に1人で，給食はユニセフからの無料配布による脱脂粉乳と煮物などで食費は1日7円10銭に押さえられ，保母は12時間労働があたりまえ，給料は4,000円前後と当時の平均的な部屋代5,000円より低く，仲間との共同生活をするか，家から通える人でないと働けない状況にあったといわれています。

　「これが子どもの幸せを願って働くものの保障なのだろうか，人並みの保障がされない限り児童福祉など考えられないと思うことが悪いのだろうか」と自分たちの置かれている状況を改善しようと，東京の保母たちが声を上げ，現在の保母組織の前身である「東京保母の会」を1953（昭和28）年にたちあげています（図表序-1）。

東社協保母の会の誕生

　1956（昭和31）年に，社会福祉協議会傘下の東京都社会福祉協議会保母

東京保母の会ニュース No.1

発行所 東京保母の会
東京都渋谷区原宿3の266
日本社会事業職員組合内
1953.12.1 発行

結成にあたって

東京保母の会委員長　青木きみ

職場にまちうけていたものは何でありましょうか。

社会事業とは名のみ昔日の慈善事業と何等変ることのない状態のまゝに社会的な地位の保障はおろか一個の人格さえ認められない状態に或は病に倒れ又は意欲を失って転職する者の続出する有様です。

保母が発病し療養を必要とする場合、或保育園では「病気はそっちの勝手に、欠勤するならその日の給料は差引こう」との一言で日給として月給（月二千円位）から差引かれる。

常に不安な状態がやがて現れることの不安定とな子供たちの心の不安定となって現れることを思ったことも今更ながら肌寒さを感じます。

又経済的な面からみても奉仕者としての観念の下に低賃金を強制せられて自立出来ぬ状態から抜けて行く者も数多いと思います。

こういう悪循環から抜け出し社会事業を正道にかえすためにも横の連絡の必要性を痛感したまたま法政大学の保育問題研究会に参加していた者達の努力により準備委員会として羽仁説子、丸岡秀子両氏を囲みお互に不平を語り希望をもち合っている内に結成の機運もたかまり、関係諸団体、後援者の御援助により、河崎ナツ、羽仁説子両氏を顧問として去る十一月五日東京保母の会と名づけて結成をみたのであります。

（次の頁へつづく）

保母の待遇を公務員なみに

東京保母の会顧問　河崎なつ

児童の福祉が福祉法に又児童憲章によりみとめられてからこゝに数年、漸次社会の協力と努力が積まれていることは慶ばしいことであります。然しながら福祉の徹底は程遠く、福祉を希う者及び子供の周囲のすべての努力を必要とする事は衆知の事実であります。

戦後の刑法は思想の注入により困難な問題から逃避する若人達の多い中に、社会事業に目覚めこれに飛び込む人達が専門の教育をうけ希望と熱意に燃えて立つのであります。

暑さかな"江戸時代の女の句である。母の暑さはむろんであるが、母の体温と大気の暑熱とに挾まれた子供の苦悩はどうであろう。

二〇萬の季節保育所と四くゝりつけ、やゝて子をはらにくゝりつけた(奈良)
眠れねば水を盗みに子を背負い（岩手・菊地）
赤子負う若々しき母の一団は自転車にのり種痘しにゆく（長野・三村）

母は子を抱きあげて授乳する。萬古に通じた人間の姿である。だが、母は主婦でもあり勤労女性でもある。そのとき子供をどうしているであろうか。

"負うた子に髪なぶらる"

これを見のがしに或る国では、七〇萬の保育所と四〇萬の季節保育所と保母と考慮して、幼き者と母の守り、それ等の保母を公務員に待遇している。

日本では、まだまだ、保育所を作ろう！子供と母のために、保母を公務員に待遇しようと叫びつづけねばならない。

の会（東社協保母の会，1999年より東社協保育士会と改称）がつくられました。東京より4ケ月遅れて全国社会福祉協議会全国保母会（全社協保母会，1977年からは全国保母会，1999年より全国保育士会と改称）が結成されました。「全国の保母が一丸となって，のろい歩みであってもみんなが参加できる組織をつくろう」という東京の保母たちの呼びかけが実ったのです。

　歴史的な東社協保母の会発足当初の会員は区部21地区，南北多摩地域7市から集まった663名でした。いまのように施設の数が多くない時期ですから，これだけの組織を作ったことはその労苦を感ぜずにはいられません。東社協保育部会会長川口章三さんは「東社協保母の会ニュース1号」に次のようなメッセージを寄せています。

　「保育所の仕事に保母の職責が重大であるところから，お互いの向上を目指して保母の会を持ちたいとはかねてからの声でした。……中略……各地区の保母さん方のお骨折りで，ここに本会の結成を見ましたことは歓びにたえません。しかし，まだ数多い関係者の中に，こうした会がはたしてどれだけ保育所の仕事にプラスになるだろうかと，疑問を持つ者もいる現状を省みて，せっかく誕生した本会が真に保育所のために健やかに発育することを心から願って止みません。会員の皆さんの力強い団結と本会への心からの協力を期待するものであります」。いわば，組織はできたものの周囲も半信半疑というのが正直なところだったのでしょう。

　二度と保母にはなりません
　デパート勤務の女性のボーナスが3万円ほど支給されていたとき，保母の月給は7,000円で期末手当が0.5ケ月でした。仕事に見合う賃金の保障がなく退職者があとを断たない状況が『東社協保母の会10年史』（東社協保母の会，1966年）に次のように綴られています。

　「辞めていく仲間に対して無責任だともうらむことも出来ない。長時間労働でこんなに低い賃金では，生活を支えていけないし，病気になったり

仕事が続けられなくなったときの保障も無く、昇給の望みも退職時の保障も無いのです」「幼児教育者としての自覚は、その前に一人の人間として生きていく権利をしっかり要求できる人間で無ければならないのです」

保育の仕事は、疑問に思ったことを解決したり新しい技術を獲得するために、絶えず学習することが必要です。「研究会や講習会への参加や豊かな文化に触れてみずみずしい感性を持って子どもに向き合いたい」と保育内容の改善と生活向上を求めて、多くの保育者は全社協保母会とともに保育予算の増額運動に参加していきました。

1957（昭和32）年の童謡デモ、雨傘デモなど、かつてない珍しいデモ行進のニュースは、毎日、産経の各新聞やNHKでも取り上げられ話題になったものです。このときの主な陳情内容は以下の通りです。

① 保育所措置費の国庫負担補助率を8割から5割に削減するのは反対です。
② 電話料、電気料を払えるよう事務費を増額してください。
③ 昭和29年以降あげられていない保母の給料のアップ、時間外手当が出せるようにしてください。

保育要求運動のなかで少しは改善されたものの、依然として労働条件は厳しく、低賃金重労働、具合が悪くても休めない状況が続きました。そうしたなか、1962（昭和37）年に「二度と保母にはなりません」と朝日新聞への投書を残して裏磐梯に身を投げた保母の自殺は忘れることのできない悲しいできごとでした。

保母の組合結成と東社協保母の会の役割

当時、乳児9対1、3歳以上児30対1だった受け持ち人数の条件を少しでも改善しよう、働くものとしての権利主張をしようと願う人たちが1963（昭和38）年、東京都保育所労働組合をつくりました。東社協保母の会は、組合誕生に拍手を送ったものの「それでは保母の会は、何をするところな

のか」とのとまどいも生まれていました。東社協保母の会は，あまりに劣悪だった保育条件を改善するための活動に大きなエネルギーを注いできていたからです。

　しかし，職能団体としての東社協保母の会の役割は保育条件改善だけではないことがしだいに明らかとなっていきます。

　東社協保母の会のさまざまな調査や学習活動は，仕事を終えてから夜に行われていました。重労働に追われ身体はどうしようもないほど疲れているのに，それでも学習会に参加し知識を吸収して，現状打開の道をつかもうとしていたのです。当時の記録から主な学習活動を記してみます。

- 1960（昭和35）年　人間像，乳児保育，働く婦人について
- 1961（昭和36）年　乳児の絵本の与え方
- 1963（昭和38）年　映画3歳児，就学前教育
- 1964（昭和39）年　保育所保育要領学習会，ぬいぐるみ人形作り

　全社協保母会が保育の指針となるものを自分たちの手で作ろうと「保育所保育要領」をつくったときは，東社協保母の会から代表を送り，現場からたくさんの意見を上げました。なんども学習会を持ち検討状況を会員に知らせ，再び意見をまとめるなど組織をあげての検討をすすめました。「日々子どもと生活している保育者が，目の前にいる子どもの姿に沿った保育所保育要領を自分たちで作り，全国の保育者の財産にしたい」と考えたからです。

　1965（昭和40）年に厚生省（当時）から「保育所保育指針」が刊行されますが，保育所保育要領の内容がかなり反映されました。この保育所保育要領の検討は，保育の質にこだわってきた東社協保母の会だからこそ，やらなければならない仕事だと位置づけていました。それなりの責任は果たせたと思っています。

2 私が保母助手として働き始めたころ

無資格18歳で12名の子どもの担任に

　私は，1965（昭和40）年に保母助手として働き始めました。午前8時から午後4時まで保育園で働き，夜は保育の専門学校に通い保母資格を取りました。当時，無資格で18歳だった私は，2歳児9名，3歳児3名の12名の子どもの担任となりました。私が初めて勤めた保育園は，園長先生がいつも子どもの幸せを最優先に考える人で，主任は権利意識が強く，よく園長先生と言い合いをしていました。何でもテキパキと仕事をこなす先輩が眩しかったり，また，保護者に安心してほしいという思いで妙に老けた格好をして背伸びをしていたことを懐かしく思い出します。

　当時，区の園長会には10年の永年勤続制度がありました。厳しい仕事であるため職員は長続きせず，勤続期間を7年に短縮してやっと被表彰者を見つけるという有様でした。私の勤めていた保育園では，保母の半数は永年勤続の表彰を受けていたので働きやすい職場であったと言えます。

　この職場の先輩に声をかけられ東社協保母の会に入りました。保育園で働き始めてから7年，いろいろな巡り合わせで私の職場のある区の保母の会会長を引き受けることになります。このときの活動で，最も印象深いことは，1973（昭和48）年，区議会に区の保母の会への研修費助成の陳情書を提出したことです。区議会厚生委員会議場で会を代表して意見陳述をするように言われ，「今まで予算化されていた補助金が無くなったりしたら申し訳ない」という一念で，研修費の必要性を必死に訴えました。傍聴に来てくれた父母の応援もあり，飛び出しそうになる心臓を押さえ，足をガクガクさせながらでしたが，無事に責任を果たすことができました。この経験は私の人生最大の恐怖体験となっています。

　私の働いていた保育園は，積極的に他の保育園の保母と話したり勉強会

に参加していて，いわば風通しのよい職場でした。「あんたみたいな保母がいるから，いつになっても保母の待遇はよくならないのよ！」と叱られるほどもたもたしている保母でしたが，この保育園で働いたことが私の保母人生を左右することになりました。未熟な私を会に送り出してもらったことで，社会に向けて目が開かれたと思っています。

　一番初めに巡り会った保育園や先輩保母によって，子どもの見方やものの考え方，ひいては保母としての資質に大きな差が出てくるのだと痛感しています。「ああいう保母になりたい！」と後輩の目標になるような保母の存在がとても大切です。そういう意味では，1章で触れるように『こどものえがおにあえるから——保育者の労働実態と専門性に関するアンケート調査報告書』(2006年)（以下，「調査報告書」）で現代の保育者も20～24歳で約80％，25～29歳で約75％の人が，尊敬できる保育者が「いる」と答えていることはとても嬉しいことです。私が保母として育った時代よりも多いように思います。

私の恥ずかしい話

　夕方から保母学校に通うために早出を引き受けていたある日，毎日の保育と朝晩のピアノ練習や学校での勉強で疲れ，すっかり寝坊。今思い出しても恥ずかしいのですが，園長先生が「ガス中毒にでもなっているのではないかと心配で来てみたの！」と私の部屋を訪ねてきてくださいました。大遅刻です。当然叱られたと思うのですが，まず，私の身を心配してくださったことが嬉しくて，叱られたことなど覚えていないのです。この経験から，職員が失敗したときに頭から叱って自信を失わせるようなことをせず，"自分から気づくようにする"人間関係づくりの基本を学んだように思います。考え方や子どもの見方では一致しにくい点もありましたが，人間的に暖かく優しい園長先生のもとで働くことができて本当に幸せでした。

　保育園では子どもがいる時間は，記録事務や保育準備などに手が回りま

せん。年度末や行事の前日は，準備のため夜が明けるまで環境整備や掃除をしていました。ほとんどの保育園がそうであったと思います。

どんなに仕事がきつくても職員集団がうまくいっていると，「楽しい」ということも実感しました。毎日，仕事を終えて保育園を後にするとき「今日も無事に終わった！」と園舎を振り返りホッとしたことを覚えています。本当に疲れていました。保育の仕事の厳しさは，今も昔も変わらないのかもしれません。

「調査報告書」で「どんなときにストレスを感じるか」という問いに対して，「職場の人間関係」がもっとも高率でした。良い人間関係を築くことが，保育の質を決定づけるといってもよいのではないでしょうか。良い職場の人間関係をつくっていくために障害になっていることを探し，それを取り除いていくことが今後の大きな課題だと思います。

3 保育に光が差し込んだころ

東京都公私格差是正制度の実現

1959（昭和34）年，都民生局『民間施設職員の現況』では保育所保母職の平均給与は8,789円，民間施設全体の平均給与は1万2,617円でした。多くの民間職場では就業規則もなく，賃金体系も明らかにされておらず，生活の見通しが持てない状態におかれていました。このようななか，東社協保母の会と日本社会事業職員組合（以下，日社職組）は，いっしょになって東京都に請願や陳情を行いました。

公私格差是正制度の基礎ともいえる期末援助経費（もち代・氷代）5,500円が支給されることとなりました。同じ保母職であるのに東京都の職員（公立）と民間社会福祉施設に働く職員（社会福祉法人立）に格差があるべきではないという考え方から，以後，職員の配置・処遇など，あらゆる点で格差解消の努力が続けられていきました。東社協保母の会，東京

都児童収容施設従事者会，日社職組東京支部，東京都保育所労働組合の四団体が集まり，「民間社会福祉従事者団体連絡会」として期末援助経費に対する運動をすすめていきました。職種や経験の区別なく園長をはじめすべての職員に同額支給され，1969年には年間で4万円が支給されるようになりました。

　1967（昭和42）年には革新都政が誕生したことで，保育行政は大きく変わっていきます。1971（昭和46）年から1973（昭和48）年の3年間で，民間の社会福祉施設職員給与の「本俸のみを公務員に準じる」という公私格差是正制度が実現しました。また，保育を充実させるための充実保母，職員が休暇を取りやすくなるようにと予備保母（公立は全保育所に配置，社会福祉法人立は長時間保育実施保育所のみに配置），二階建て園舎の安全確保のための二階建て保母，ゼロ歳児保育を実施している園に看護婦（当時），栄養士が配置されるなど，職員が増えていきました。その結果，乳児保育，障害児保育，長時間保育が実施され，副食のみの給食が主食も予算化され完全給食が実施できるようになりました。

　一人一人の子どもとていねいに関われ，子どもたちに何度も「待っててね」と言わずにすむなど，より良い保育を行えるようになったことは，本当にうれしいことでした。現在の東京では，このような職員配置はごく普通の保育条件になっていますが，全国の保育所のなかには，看護師や栄養士の配置がないところ，完全給食でないところが，今でもあると聞いています。幼い乳幼児が長時間生活する場であることを考えると，疑問を感ぜずにはいられません。

　この公私格差是正制度が実施されたことで，職場に腰を落ち着けて保育に打ち込む保育者が増え，保育実践が一段と向上していったのです。具体的に言えば，職員間のコミュニケーションを図る職員会議，子どもの成長を共通認識するためのケース会議，クラス会議などがきめ細かに行うことができ，保育実践の積み重ね，伝え合いができるようになりました。さら

に研修会へ参加できる条件が整い、保育記録や環境整備、保育準備なども勤務時間内に少しずつできるようになっていきます。また、休暇を利用して旅行や趣味の時間を持てるようになり、保母として働き続けられる条件が整ってきました。保育という仕事がいわゆる"子守り"ではなく、専門職として認められてきたと思えるようになり、保育の仕事に未来を感じることができました。

東社協保母の会の委員だった先輩方は、当時の東京都の担当課長から「定期券でも買って通っているのですか」と呆れて言われるほど都庁に通って交渉したそうです。公私格差是正制度が実現した陰には、こんな先輩方の努力があったことを肝に銘じておかねばなりません。

勤務時間内の研修が増えた

東社協保母の会は、1978（昭和53）年頃から、保育園で働く多様な職種の人が、その専門性を発揮してこそ子どもたちの健やかな成長発達を促すことができると、給食部会、主任部会、保健部会、保育研究部会を発足させていきました。また、年齢ごとの子どもの発達をとらえることをねらいとした「年齢別学習会」も行われるようになりました。年齢別学習会では、毎回、保育実践を発表してもらい保育の交流を図ってきました。午後のグループ討論は、参加者一人一人が、日ごろの保育での悩みや経験を話すことができ、明日からの保育のヒントを得ることができると好評です。保育の資質を向上させるための学習は、専門職として欠かせないことであり、勤務時間内に保障されることを願って開催しています。

この頃から、日々の保育実践をまとめて本を出版して、保母の仕事を社会にアピールすることもできるようになりました。各園の資料や実践を持ち寄り検討を重ね、以下の本にまとめることができました。

- 『さあ食べよう』筒井書房　1979年（料理保育、行事の献立などカード式）

- 『子育ての原点を求めて』童心社　1981年（ゼロから5歳児の保育，おもちゃ作り）
- 『保育園の保健活動』全国社会福祉協議会　1985年（保健活動の内容，保健だより）
- 『保育園の保健活動マニュアル』東京都社会福祉協議会　1989年（園全体の健康管理，検診）
- 『保育の中の保健指導』筒井書房　1995年（健康教育に焦点を当てて）
- 『保育をつくる』筒井書房　1996年（東京の指導計画と実践）
- 『保育園で役立つ保健の仕事』東社協保母の会　2000年（保健業務，新保育所保育指針）
- 『保育園の食事マニュアル No.1』東社協保育士会　2003年（食育実践編）
- 『保育園の食事マニュアル No.2』東社協保育士会　2005年（給食事務資料集）

4　東社協保母の会の職員になって

1977年保育園を退職，東社協保母の会の職員に

　東社協保母の会の活動は次第に厚みを増して専従者が必要となり，1977年には請われてとうとう私が保育園を退職して専従職員となりました。東社協保母の会が誕生して20年，会員は区部12地区，市部2市の800名になっていました。事務局は会長が所属している保育園に置かれ，会長が出かけるときは東社協保母の会の専従職員が会長の代替え保育要員の役割も担っていました。

　保育現場を離れて，子どもたちに直接関われない寂しさと一人職場で働く孤独感がありましたが，頑張っている保育者の姿を見ると「東社協保母の会で会員さんたちが勉強して力をつけ，仲間を作っていくことが良い保

育をすることにつながる。私も間接的に保育をしているんだ！」と思えるようになりました。

1977（昭和52）年全国私立保育園連盟の研究大会から協力要請があり，東社協保母の会としてコーラスで参加しました。このときコーラスに参加した人が「保育園と自宅の往復だけだったがコーラスの練習に参加して，他園の保母と話したり，合唱ができたことがとてもうれしい」と感想を寄せてくれ，これを機にコーラス部ができました。今でも東京都保育研究大会（東京都社会福祉協議会保育部会主催）のオープニングの舞台を盛り上げるなど，今でも活動を続けられています。

また，園長先生方にも活動に触れていただこうと，東京都私立保育園連盟と共催で運動会を1978（昭和53）年から開催しました。このとき「園長が保育園の親なら，保母は娘だから力を合わせなくっちゃね」と東社協保母の会を娘のように可愛がってくださった園長先生方がたくさんおられ，保育要求運動でも行動をともにすることが多くなりました。

東社協保母の会が30歳になるころ——会員は4桁に！「東京退職保育者の会」も発足

気軽に実践交流と情報交換ができる場として，給食部会，保健部会，主任部会，保育研究部会の活動が定着しました。とくに保健部会は多いときで70名以上の参加があります。1人職種であり未開拓な保育園の保健業務を担っていることで悩みを抱えている参加者が多く，事例研究や保健情報の交換などを活発に行い，毎日の保健業務に役立てています。また，保健部会に初参加の看護婦（当時）さんが気おくれしないようにと研究グループのなかに「青葉グループ」を作って新しい人を育てようとしている工夫を見ると，部会運営が民主的で主体的に行われるようになってきていることを実感します。これは，保母職も見習わなければと思ったものです。

給食部会では，食の安全性，離乳食などについて学び，調理実習も行っ

ています。1994（平成6）年の米不足のときに各園でお米をどうしているか，その対応に額を寄せあい，できるだけ国内米を調達しようと知恵を出し合っていたことが印象的でした。

　主任部会では，保育の力量を高めることと，職場での人間関係の調整を図ることなど，幅の広い仕事内容に対応する主任ならではの悩みを出し合い励ましあいながら学んでいます。保育研究部会では，毎年，テーマをきめ保育実践を交流しながら，保育内容を高めあっています。

　どの部会でも保育園の壁を越え，情報交換をし学びあうことで，自分の園の良いところや足りないところに気づき，改善に役立てたという話をたくさん聞きます。その積み重ねが前述した報告集や本の出版につながっているのだといえます。

　1986（昭和61）年，保母会（全社協保母会が1977年に改称）結成30周年記念事業として取り組まれた「全国一斉育児教室」がとりくまれました。東社協保母の会は池袋の西武デパートで開催，翌年3月には西武デパートからの申し入れにより「一日保育園」を3日間開催するなど保育園の存在を広く知らせることも行いました。

　また，朝日新聞に掲載された子どもに無理な食事をさせる保母の指導を告発する「保育園の裏側にある虐待」というショッキングな記事（朝日新聞「ひととき」欄1988年10月12日）に対して，よりよい保育を目指して誠心誠意働いている事実を社会にアピールするシンポジウム「私たちは，そんな保育はしていない！」（1989年2月16日杉並区高円寺会館）を開催しました。批判を受け入れながらも「より良い保育とは」を常に追求する保育の専門職としてステップアップを目指すシンポジウムです。

　「会員相互の親睦を図りつつ，必要に応じて保育問題への助言，指導，学習などの活動を行う」として，1988（昭和63）年に発足した東京退職保育者の会は，元会員や園長先生など28名のメンバーからのスタートでした。東社協保母の会の活動での迷い，悩みなどを相談できる場があるというこ

とは，私たちにとって心強い存在です。

　退職保育者の会のメンバーの方が，「退職後の年金，保育者の老後の生活のことをみなさんが今から考えておかなければいけません」と言っていましたが，その言葉が現実味を帯びてきたのを実感します。また，ある先輩が東社協保母の会を見て，「どんなときにも自分の意見を持つ保母に，組織としての意見を持つ保母でありたい。自立した東社協保母の会活動は，全国の保母たちの指標になっていることを知りましょう」と東京の会員に呼びかけています。これは，そのまま一保育園の保育者としてのあるべき姿勢にも通ずることではないでしょうか。

東社協保母の会事務所ができた

　ここで，事務局についても述べておかなければなりません。東社協保母の会発足から1971（昭和46）年まで，東社協事務局に事務所がおかれていました。次に会長が変わるたびにかたつむりのように荷物を持って会長園に移動する時代を経て，現在の独立した事務所に落ち着くことができました。しかし初めは，トイレも水道もない6畳一間の事務所で，トイレや水道は同じビルの他団体の方に貸してもらっていました。財政的にも厳しく，トイレを借りていた団体の方に「トイレットペーパーや掃除用の洗剤代の代わりにトイレ掃除をします」と労力を提供したという今では笑い話のようなこともありました。

　そして，1999（平成11）年に念願だったトイレと水道があり，会議室と事務所を使い分けられる広い部屋に移ったのです。会員がいつでも気軽に集まり，おしゃべりができる場所，いわゆる自分たちのお城を持つということは素晴らしいことです。毎日の保育で心身ともに疲れた人たちが事務所にきて，ゆっくり羽を休めて元気に職場に戻れるようにと，明るくホッとできる空間づくりに努めました。会員の人たちは，きっと保育園で父母の人たちに同じような心配りをしているのではないでしょうか。

序章
保育士会のあゆみに見る保育者のすがた

> **私のつぶやき**
>
> **東社協保育士会で，出会った人たち——たくさんの仲間にありがとう**
>
> 「これから親戚の家に行くところだけれど，どうしても会いたくなって」と事務所を訪ねてきてくれたAさん。個人会員の方で，しばらく音沙汰がなく，病気かしらと心配していたところでした。「法人内で，5～6回職場移動があり，職場で冷たくされて辛いことが多かったけれど，会のニュースや資料を読んで"辛いのは自分だけじゃない"と頑張れた。おかげ様で永年勤続のご褒美をもらったので，その一部を会にと，バックの中に金一封を忍ばせていた」とのこと，「やっと来れた！」と感激の対面ができました。寄付が入っていた封筒に「たくさんの仲間に，ありがとうの心をこめて」というメッセージが書かれていました。

このときの会員数は1,000人，事務所を維持するために会費を1ヶ月800円から1,000円に値上げをせざるを得ませんでした。現在，独自の財政で事務所を持ち，職員を雇用しているのは全国では東京だけです。

保育所保育指針改訂に意見をあげて

1987（昭和62）年，中央児童福祉審議会の意見具申を受け，厚生省（当時）は「保育所保育指針」策定以来，22年ぶりに改訂作業を始めました。東社協保母の会は，1988年，89年，90年と私たちの考えを取りまとめ意見をあげました。1990（平成2）年のときは，総則に児童福祉法の理念が貫かれるようにすること，保育目標に認識の問題を加筆すること，保育環境にふさわしい広さを具体的に示すことなど意見をあげました。1990年に厚生省が提出した改定案を見ると部分的ではありますが，東社協保母の会の意見が反映されたものになっています。これを見て意見をあげていくことの意味を知り，子どもたちの成長に責任を持つ保育者として，これからも機会あるごとに積極的に現場の声をあげていこうと意識が高まりました。

5 差し込んだ光を消さないで

国も東京都も規制緩和と公的補助カット

　1993（平成5）年厚生省（当時）内に設置された保育問題検討会で保育所への直接入所方式の導入，保育所の規制緩和（保母の一部パート化，給食調理員の外部委託など）が示されました。「この案は子どもにとってどうなのか，両親の収入によって子どもの保育を受ける権利に差があってはいけない」全国保母会へも要望し，保育問題検討会の委員には保育現場のことを知ってもらうように手紙を送りました。

　1994（平成6）年に発表された保育問題検討会報告書ではたくさんの保育関係者の心配の声と運動で直接入所方式（保育所措置制度の見直し）については両論併記となりました。しかし，それ以降，国においては，児童福祉法や最低基準の見直し，東京都においては，公私格差是正事業を廃止し民間社会福祉施設サービス推進費へ移行，認証保育所制度を導入，都加算補助を「子育て推進交付金制度」にするなど，残念ながら公的な保育制度が崩されていくことが続いています。

　とくに公私格差是正事業の廃止問題では，東社協保母の会で臨時総会を開き全会員の意志を集め継続を望みましたが残念ながら廃止となり，先輩たちの汗と涙の結晶ともいえるこの制度を後輩にバトンタッチできなかったことが申しわけなく悔しい気持ちでいっぱいでした（図表序-2）。

「保育士」資格が国家資格に

　1999（平成11）年「保父」「保母」の名称が「保育士」に統一され，さらに，2年後に児童福祉法一部改正により保育士資格が国家資格として法定化されました。

序章
保育士会のあゆみに見る保育者のすがた

図表 序-2　もしもサービス推進費が大幅にカットされたら

出所：東社協保育士会「予対ニュース」2003年12月号。

> **私のつぶやき**
>
> **トイレットペーパーの話**
>
> 　東社協保育士会の常任委員の経験者の話です。50周年記念で，これまでの常任委員経験者数名で座談会を開いたときのことです。水族館のペンギンや魚の絵がついたトイレットペーパーをいくつもぶら下げてきてくれました。「いつも忙しい事務局だから，トイレに入ったときぐらい気分転換してくださいね」とニッコリ。たかがトイレットペーパー，されどトイレットペーパー，本当に嬉しい心配りでした。

　保母の国家資格化について初めて議論されたのは，1971（昭和46）年に中央児童福祉審議会が発表した「社会福祉士法案」でした。当時の試案起草委員の仲村優一氏は，「他の誰にも出来ない，その職能に特有の知識技術体系が出来ていて，それを身につけた人が独占的に社会的に認められて，その仕事に就く制度を真の専門職というのだろう」と言っています。長年，保母の社会的地位向上と専門性の確立を願っていた保育関係者から大きな期待が寄せられましたが，保育の教育的側面を評価してない点や保母の職務内容を「主任は指導計画，行事に関する計画の作成と指導など」「一般保母は園舎内外の掃除の監督，共同遊具の整理保存など」と保母の職務内容が貧しいままであることを知り，東社協保母の会は試案に対して反対の声を上げました。この試案は全国レベルでも議論が重ねられ，立ち消えになりました。

　全社協保母会は，1972（昭和47）年に保母の単独立法化を目指して研究しようと「保母制度研究会」を設置，以降「保育士法（第四次試案）」まで発表しました。東社協保母の会も全社協保母会から発信される保育士法案を組織を挙げて議論することを目的に「身分法研究会」を立ち上げ，会員の考えをつかもうとアンケート調査を行ったり，毎月の研究会で学習を深めました。大きなエネルギーを傾けて討議をしたにもかかわらず，これ

も立ち消えになりました。

　それから20年が経ち，池袋ちびっこ園での子どもの圧死事故や神奈川県大和市スマイルマムでの虐待など無認可保育施設での事故を機に，議員提案により保育士の国家資格化が実現したのです。保母が保育士に変わるに及んで東社協保母の会の名称も東社協保育士会に切り替わりました。

　しかし，東京都では公私格差是正事業が廃止され，いろいろな補助金が減らされているなかで，仕事内容に見合った賃金ではなくなり，正規職員は減り契約・パート職員が増え，正規職員の負担が重くなっています。一方，増加している非正規職員は，正規職員とほぼ同じ仕事をしているのに雇用条件に大きな差があるという矛盾が出てきています。保育士の国家資格化で職務内容が明確になったことは良かったのですが，義務と責任が課せられ，「子育て支援」などの仕事が増え，長時間過密労働があたりまえの時代に戻っている感じがしています。

　「"良い保育がしたい"と常に学習を重ね，子どもの視点に立った行動」をしてきたことが東社協保育士会の歴史です。故藤田照子さん（東社協保母の会・元会長）が『保育現場への発言』（光陽出版社，1997年）の著書のなかで，「私の考える保育者の専門性」として，次の6点をあげています。

　① 保育実践に視点をあてる
　② 職務内容をはっきりさせる
　③ 保育は高度な仕事であり，独自性を持っている
　④ 絶えず判断力と指導力が求められる
　⑤ 豊かな資質が求められている
　⑥ 専門性を発揮するには，それにふさわしい条件が必要である

　東社協保育士会では，自分たちで学びたいことを出し合い企画，運営をし，会員・未会員を問わず保育園で働く人たちに参加を呼びかけ，年齢別学習会，春の研修会，連続保育講座，主任・保健・給食・保育研究部会な

どで学びあう機会をつくってきました。

　保育園の奨めで研修を受けることも大切ですが，それ以上に自分で課題意識を持ち，これでよいのかと悩み解決する手立てを求めて，職場内外の学習会に参加する主体性と積極性を持っていたいものと思います。

専門職だからこそ自分たちの組織を
　故藤田照子さんは，次のような話も残しています。
　「専門職といわれる職業の中で，組織を持たない職種があるだろうか。ちょっと思い浮かぶだけでも，弁護士会，栄養士会，看護協会，税理士会，医師会，みんな組織を持っています。日本医師会，これは，そうそうたるものです。総理大臣とだって会談できるのですから……。私どもは，いくら全国保育士会の会長でも総理大臣には簡単にお会いできません。そういうふうに，みんな組織を持っている。そして，組織の力で自分たちの職域の拡大を図っています。看護婦さん，助産婦さんたちは，家庭婦人に向けて，救急医療のやり方とか，お母さんを集めて子どもの育て方講習会とか，どんどん組織でやっています。自分たちの組織拡大を絶えず図っています。自分たちの組織を持たないで，専門職だといっても説得力がないのではないでしょうか」（『保育現場への発言』前出）

　東社協保育士会は，創立50周年を迎えました。現在（2007年8月）は，東京の18区12市から約1,100名の方たちが会員になっています。全国の専任保育士数約26万人のうち，全国保育士会（全国保母会が1999年に改称）の会員数は，約17万名です。東京私立保育所の専任保育士数は，約1万名ですから，まだまだ組織されている保育士の数は多くないのが現状です。東社協保育士会の会員を増やすことは緊急の課題です。

どうして会員が増えないの？
　ある保育園の園長先生に東社協保育士会の役員を出していただいたお礼

序章
保育士のあゆみに見る保育者のすがた

> **私のつぶやき**
>
> **"ババちゃん"の話**
>
> 　東社協保育士会の行う学習会の際，仕事をしている事務局員の子どもをその会場に迎えに来てくれ，学習会が終わる時間を見計らって戻ってきてくれる会員がいます。子どもたちは，"ババちゃん"と呼んで親しんでいました。日々の保育だけでも疲れ，休日は自分も休みたいでしょうに……。こういう方々に助けられて働き続けることができました。

とご挨拶に伺ったときのことです。「勤務時間内に委員の活動を保障していただくことは，保育現場が手薄になり，保育の質の向上を願う東社協保育士会としては不本意で申しわけなく思っている」こと，東社協保育士会の存在することの意味などを話しました。すると「これだけ世の中が厳しくなってくると人のために何かをするという雰囲気がなくなり寂しいですね。職場で大切な位置にいる人が外に出ると保育園にとって痛手ですが，力持ちの職員がいなくなれば必ず若手が育ちます」とおっしゃってくださいました。続けて「どうして会員が増えないのでしょうね」ともおっしゃっていたので，「東社協保育士会の会員は多くないにしても，研修会や部会活動に大勢の方の参加を得ていること，また，その実践をまとめ，保育界にたくさんの財産を残したことや，会活動の経験を通して豊かに成長している保育者のこと，このような活動ができているのは，園長先生方や東京都社会福祉協議会などの暖かい理解と支援の賜物であること」をお伝えしました。

　いずれにしても専門職組織である東社協保育士会として，東京中の保育園の職員に会の存在を知らせ，組織拡大を図らねばならないと痛感しています。

みんなちがってみんないい，保育の職能団体として

　東社協保母の会ができたとき，「この会が，どれだけ保育所の仕事にプラスになるだろうか疑問を持つものもいる……」と言われて50年経ちましたが，この会があって本当によかったと確信を持って言えることがとてもうれしく思います。「その運営が確かであれば，味方を増やし力を蓄えます」という先輩のメッセージが，ますます厳しくなっている東社協保育士会の活動の支えにもなっています。

　私は，これまで東社協保育士会職員として17名の多彩な魅力を持った会長さんとコンビを組んで働いてきました。例えば，「園長業務もこなせそうな力量の持ち主」「外に出るのが苦手で縁の下の力持ちに徹した人」「自分の弱い部分を自覚し仲間に依拠しながら，全体を見ていく組織力抜群の人」「組織の代表というより学者タイプの人」「挨拶は絶対イヤ！　と言い，仲間にフォローしてもらったけれど，優しさと心配りが抜群の人」という具合です。なぜ，こんなことをいうのかといえば，東社協保育士会は，本当に個性豊かな仲間が集まっている心優しい組織だからです。この良さを生かし，一人一人が光る組織でありたいと願っています。

　保育の専門家として，保育現場の声を束ね，保育のありようを社会に発信していく東社協保育士会の仕事はますます大切になっています。今後，保育実践と研究を基に研修体系を確立すること，自らの組織の質を高めていくことが，職能組織に課せられたことだと考えています。多様な価値観があるなかで，仲間を増やし研修を継続していくことは並大抵のことではありませんが，これらのことが実現できてこそ名実ともに専門職団体と言えるのではないでしょうか。そして，東社協保育士会は，今後も保育園の職員の拠り所でありつづけたいと願っています。

第Ⅰ部
保育者の労働実態と専門性

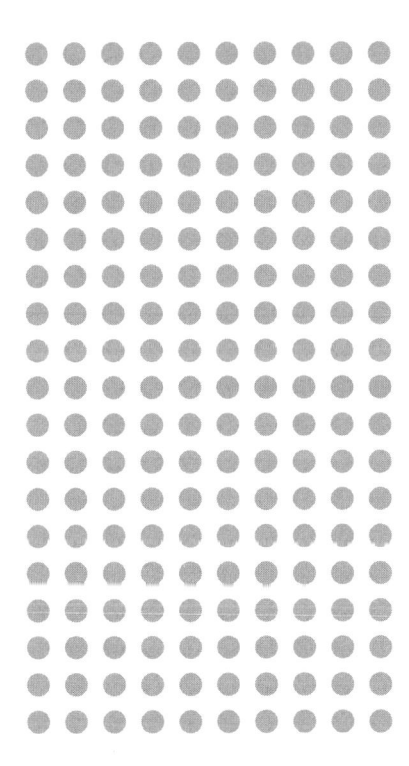

「ワァー!」 「キャー!」

1章 保育者の労働環境と専門性の現実
―― 東社協保育士会「保育者の労働環境と
専門性に関する調査」から

横井美保子（東社協保育士会事務局長）

　東京都社会福祉協議会保育士会（以下，東社協保育士会）は，1956（昭和31）年「東社協保母の会」として発足した当時から，「保育の学習をすすめながら，保育所に働く職員の教養と生活を向上させ，社会的地位を高める」ことを目的に活動してきました。

　2001（平成13）年に児童福祉法の一部を改正する法律が成立し，2003（平成15）年に施行，保育士資格が国家資格化され，子育ての中核を担う専門職として責任が問われるようになりました。私たちは，子どもたちが大切な子ども期をもっとも幸せに生きるために，"保護者の子育て不安にこたえ，子育てを楽しいものと感じてほしい""子どもたちに豊かな成長を保障したい"と保育実践を積み重ねてきています。求められるさまざまな社会的要望にもこたえていこうとしていますが，そのための保育の諸条件は，残念ながら十分に整っているとは言えない状況です。そこで，民間の保育所で働く職員の労働実態と保育への意欲や専門職としての意識を把握し，自ら深く見つめなおし，保育の質の向上には何が必要であるのかを考えたいと，実態調査を実施しました。

　この「保育者の労働環境と専門性に関する調査」（以下，本調査）は，2005（平成17）年6月から7月にかけて，東社協保育士会会員が所属する民間保育所の保育士及び看護師を対象に行いました。調査内容は，質問紙調査だけでなく，自由記述により，労働環境と専門性について答えても

第Ⅰ部
保育者の労働実態と専門性

らっています。また,「保育者の一日」と題して,仕事をした「保育者の一日」の行動を記述してもらいました。保育所で働く職員が,どのような生活を送っているのかが明らかになっています。

　本調査で明らかにされた実態を分析し,保育所職員の労働条件,専門性を発揮できるための諸条件について考えていきたいと思います。

1　保育者（看護師を含む）の労働実態

職員の4割が20歳代,正規職員の平均経験年数は10年

　このアンケート調査の有効回答数は801件（回答率82％）で,そのうち男性は39人（4.9％）,女性は751人（93.8％）でした。年齢別にみると,20～24歳が169人（21.1％）,25～29歳が163人（20.3％）と20歳代が40％強を占めています（図表1-1）。

　身分では,正規職員は699人（87.3％）,非正規職員は101人（12.6％）でした。保育士資格を持っている人は741人（92.5％）,幼稚園教諭免許を持っている人は452人（56.4％）で,半数以上の人が,保育士資格と幼稚園教諭免許を持っていることがわかりました。また,看護師免許を持っている人は38人（4.7％）,保健師免許を持っている人は3人（0.4％）でした（図表1-2）。

　有資格での経験年数は,正規職員・非正規職員ともに,1年以上5年未満がもっとも多くなっていました。正規職員の平均経験年数は,ほぼ10年,非正規職員の平均経験年数は,ほぼ4.1年です。また,現在の職場での勤続年数は,正規職員では5年未満の255人（36.5％）が最も多く,平均勤続年数は,ほぼ8年。非正規職員でも5年未満が81人（80.1％）と最も多く,平均勤続年数は,ほぼ2年でした（図表1-3・1-4）。

1章
保育者の労働環境と専門性の現実

図表1-1　保育者の年齢×保育者の身分

年齢別階層＼職員の身分	正規職員(%)	それ以外の職員(%)	不明
20～24歳	137 (19.6)	31 (30.7)	1
25～29歳	140 (20.0)	23 (22.8)	
30～34歳	89 (12.7)	11 (10.9)	
35～39歳	73 (10.4)	6 (5.9)	
40～44歳	78 (11.2)	7 (6.9)	
45～49歳	63 (9.0)	6 (5.9)	
50～54歳	68 (9.7)	11 (10.9)	
55歳以上	48 (6.7)	5 (5.0)	
不　明	3 (0.4)	1 (1.0)	
合　計 (100.0)	699 (100.0) (87.3)	101 (100.0) (12.6)	1 (0.1)

図表1-2　持っている資格（N＝801）

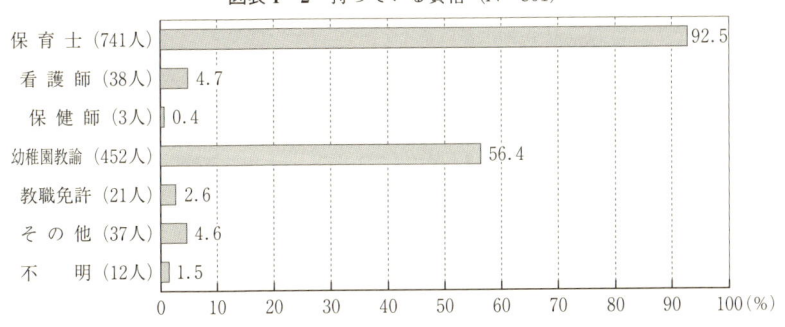

- 保育士（741人）　92.5
- 看護師（38人）　4.7
- 保健師（3人）　0.4
- 幼稚園教諭（452人）　56.4
- 教職免許（21人）　2.6
- その他（37人）　4.6
- 不明（12人）　1.5

図表1-3　現在の職場での勤続年数（正規職員）（N＝699）

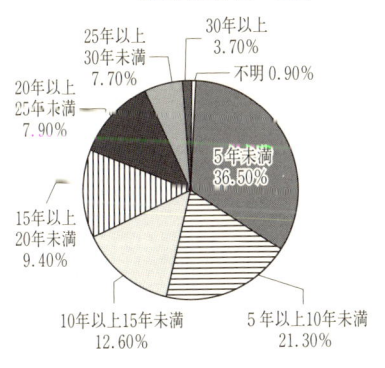

- 5年未満　36.50%
- 5年以上10年未満　21.30%
- 10年以上15年未満　12.60%
- 15年以上20年未満　9.40%
- 20年以上25年未満　7.90%
- 25年以上30年未満　7.70%
- 30年以上　3.70%
- 不明　0.90%

図表1-4　現在の職場での勤続年数（非正規職員）（N＝101）

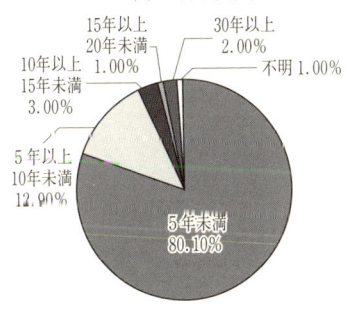

- 5年未満　80.10%
- 5年以上10年未満　12.90%
- 10年以上15年未満　3.00%
- 15年以上20年未満　1.00%
- 30年以上　2.00%
- 不明　1.00%

子どもと直接関わること以外にたくさんの仕事がある

　正規職員の1日の拘束時間は，全体の76.8％の人が8時間以上9時間未満でした。今日の労働基準法では，原則週40時間，1日8時間を上限としていますので，多くの保育者の拘束時間は，この範囲にあると思えます。しかし，休憩時間をみると正規職員699人のうち，休憩時間が「ほとんどとれない」という人が208人（29.8％），「15分程度とれる」という人が73人（10.4％）と4割の人がほとんど休憩をとっていない状態であり，密度の濃い労働実態であることがわかりました（図表1-5・1-6）。

　また，非正規職員の1日の労働時間は，「6時間以上〜8時間未満」と答えた人が71人（70.3％）ともっとも多く，「8時間以上」と答えた人とあわせると85人（84.2％）となり，多くの人が正規職員と変わらない労働時間で働いていることがわかりました（図表1-7）。

　時間外労働については，正規職員のうち585人（83.7％）の人が「ある」と答えていますが，時間外手当が支給されている人は209人（35.7％）でした。「支給されていない」「支給されるものとされないものがある」と答えた人を合わせると6割になり，その主な内容は次のようなことです（図表1-8・1-9）。

- 事務（日誌の記入，通信，児童表，指導計画など）
- 保育準備（教材準備，製作物，装飾，遊具作りなど）
- 会議（職員会議，クラス打ち合わせ，園内係りの打ち合わせなど）
- 保護者との話し合い
- 部屋の清掃，片付け
- 園内研修
- バザーなど保護者との共催行事
- 地域活動

1章 保育者の労働環境と専門性の現実

図表1-5 正規職員の1日の拘束時間（N＝699）

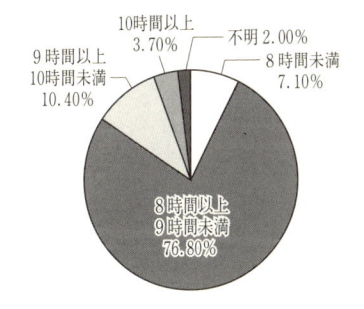

- 8時間未満 7.10%
- 8時間以上9時間未満 76.80%
- 9時間以上10時間未満 10.40%
- 10時間以上 3.70%
- 不明 2.00%

図表1-6 正規職員の休憩時間（N＝699）

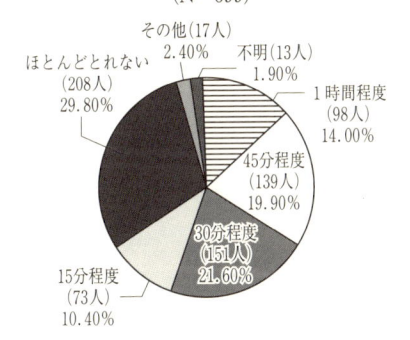

- 1時間程度（98人）14.00%
- 45分程度（139人）19.90%
- 30分程度（151人）21.60%
- 15分程度（73人）10.40%
- ほとんどとれない（208人）29.80%
- その他（17人）2.40%
- 不明（13人）1.90%

図表1-7 非正規職員の1日の労働時間（N＝101）

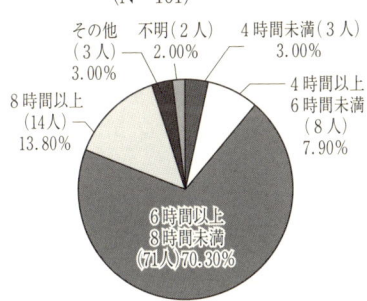

- 4時間未満（3人）3.00%
- 4時間以上6時間未満（8人）7.90%
- 6時間以上8時間未満（71人）70.30%
- 8時間以上（14人）13.80%
- その他（3人）3.00%
- 不明（2人）2.00%

図表1-8 正規職員の時間外労働のひと月の平均（N＝585）

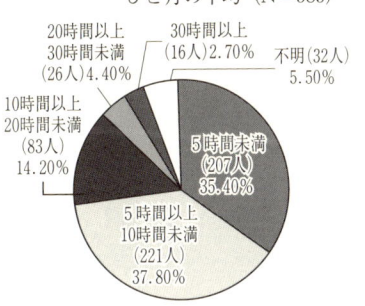

- 5時間未満（207人）35.40%
- 5時間以上10時間未満（221人）37.80%
- 10時間以上20時間未満（83人）14.20%
- 20時間以上30時間未満（26人）4.40%
- 30時間以上（16人）2.70%
- 不明（32人）5.50%

図表1-9 正規職員の時間外手当の支給（N＝585）

- 支給されている（209人）35.70%
- 支給されるものとされないものあり（300人）51.30%
- 支給されていない（54人）9.20%
- その他（5人）0.90%
- 不明（17人）2.90%

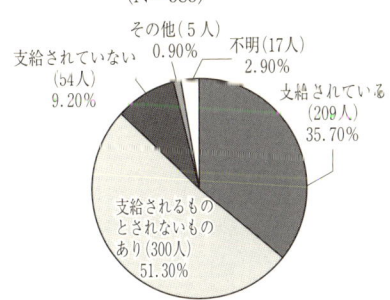

図表1-10 正規職員の年収（N＝537）

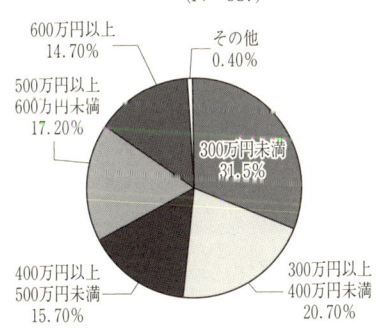

- 300万円未満 31.5%
- 300万円以上400万円未満 20.70%
- 400万円以上500万円未満 15.70%
- 500万円以上600万円未満 17.20%
- 600万円以上 14.70%
- その他 0.40%

第Ⅰ部
保育者の労働実態と専門性

国家資格を持つ専門職なのに

年収をみてみると20歳代の正規職員では，250万円以上300万円未満がもっとも多く，30歳代では400万円以上450万円未満，40歳代では550万円以上600万円未満，50歳代では600万円以上がもっとも多くなっていました。全体の平均年収は386.5万円で，月収にすると24万円位（ボーナス4ヶ月として）です。東京は，東京都独自の加算や公私格差是正制度があったことにより，全国の賃金水準よりは，相対的に高いと言えます。しかし，東京都の補助加算の見直し，国の保育制度改革のもとで今後，急速に低下することが懸念されます（図表1-10）。

非正規職員の年収は，100万円以上150万円未満の人が21人（34.4％）ともっとも多く，平均年収は，132万円です。年収を答えてくれた非正規職員61人のうち，45人（73.8％）が年収250万円未満でした。非正規職員といってもほとんどの人が有資格者であるにもかかわらず，月収にすると11万円前後という状況です。求人数は，正規職員よりも多くなっていますが，低賃金であるために応募する人が少ないという状況です（図表1-11）。

また，有給休暇はあるものの，実際に1年間で10日以上取ったという人は，34.9％でした。11時間開所が常になり，勤務時間のローテーションがさらに複雑になったことで休暇をとりづらい状況になってきています。

2 保育者の専門性の意識

研修のための保障はあるが

保育に関する学習会や研修が，職場内で「行われている」と答えた人は，663人（82.8％）でした。職場内研修は，正規職員だけでなく，ほとんどの非正規職員も対象に行われていることがわかりました。職場外の研修では，研修のための休暇保障や参加費などの保障が「ある」と答えた人は，710人（88.5％）でしたが，実際に参加している人は411人（51.3％）でし

た。職場外研修の参加状況を年齢別に見ると，45歳以上では，6割以上の人が参加していますが，20歳代前半の人で参加していると答えた人は，58人（34.3％）でした。多少の増減はあるものの年齢が上がるにつれ，職場外研修への参加率が高くなっていることがわかりました。改定作業がすすめられている「保育所保育指針」の中でも職員の資質向上のための研修の必要性が強調されています。確かな専門性を築く上でも仕事の一貫として，研修や研究活動が位置づけられることが今後の課題ではないでしょうか（図表1-12）。

保育計画づくりと保育実践

年間計画では「前年度のものを職員で検討して作る」と答えた人は，正規職員では650人（81.1％），非正規職員では48人（47.5％）となっています。月案，週案，日案では「主に自分たちで作る」と答えた人が517人（64.4％）でした。非正規職員を見ると39人（38.6％）の人が「保育案づくりには関わっていない」と答えています。これは，非正規職員は，クラス担任に位置づいていない人が多いのではないかと推測できます。

また，「日々の保育実践をどのように行っているか」という問いに，正規職員の568人（81.3％）の人が，「保育計画・保育案に沿い子どもの状況に合わせる」と答えていますが，非正規職員では，「クラス担任の指示に沿って実践している」と答えた人が，43人（42.6％）ともっとも多く立場の違いがあらわれた結果になっています。

休制が十分でないなかでの子育て支援

家庭との連携について聞いたところ，740人（92.4％）の人が「日常的に連携を深めていくべき」と圧倒的に多く，家庭との連携を大切にして保育をすすめていることがわかりました。地域の子育て支援については，457人（57.1％）の人が「日常の保育に支障がない程度に支援していく」

第Ⅰ部
保育者の労働実態と専門性

図表1-11 非正規職員の年収（N=61）

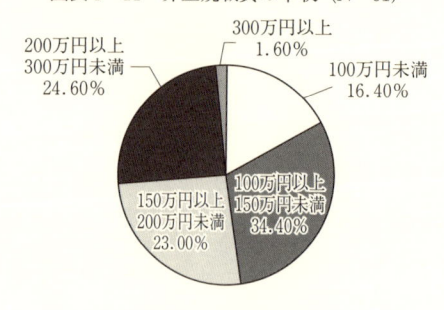

- 300万円以上 1.60%
- 200万円以上300万円未満 24.60%
- 150万円以上200万円未満 23.00%
- 100万円以上150万円未満 34.40%
- 100万円未満 16.40%

図表1-12 職場外研修の参加状況×年齢別

年齢別階層＼職場外研修の参加		参加している	参加していない	不明
20～24歳	169人 (100.0)	58 (34.3)	109 (64.5)	2 (1.2)
25～29歳	163人 (100.0)	83 (50.9)	75 (46.0)	5 (3.1)
30～34歳	100人 (100.0)	40 (40.0)	48 (48.0)	12 (12.0)
35～39歳	79人 (100.0)	42 (53.2)	31 (39.2)	6 (7.6)
40～44歳	85人 (100.0)	47 (55.3)	38 (44.7)	0 (0.0)
45～49歳	69人 (100.0)	46 (66.7)	20 (29.0)	3 (4.3)
50～54歳	79人 (100.0)	50 (63.3)	23 (29.1)	6 (7.6)
55歳以上	53人 (100.0)	44 (83.0)	6 (11.3)	3 (5.7)
年齢不明	4人 (100.0)	1 (25.0)	2 (50.0)	1 (25.0)
合　計	801人 (100.0)	411人 (100.0)	352人 (100.0)	38人 (100.0)

図表1-13 家庭との連携（N=801）

- 問題ある場合を除けば，積極的に連携をとる必要はない(4人) 0.50%
- その他(4人) 0.50%
- 行事や保護者会などで連携をはかればよい(30人) 3.70%
- 不明(23人) 2.90%
- 日常的に連携を深めていくべき(740人) 92.40%

図表1-14 地域の子育て支援について（N=801）

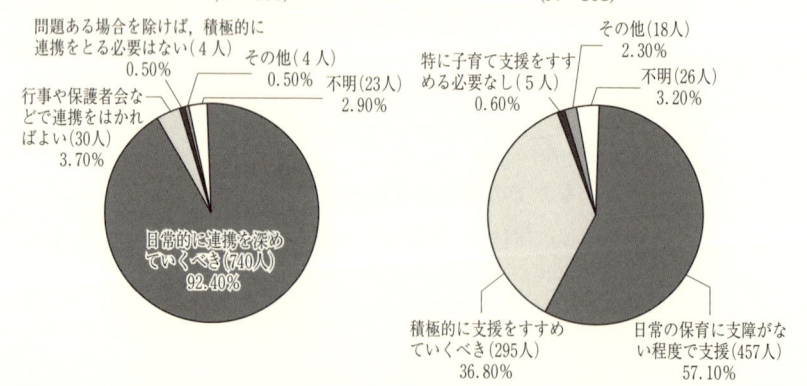

- その他(18人) 2.30%
- 特に子育て支援をすすめる必要なし(5人) 0.60%
- 不明(26人) 3.20%
- 積極的に支援をすすめていくべき(295人) 36.80%
- 日常の保育に支障がない程度で支援(457人) 57.10%

と答え、「積極的に支援をすすめていくべき」との答えよりも多くなっています。この結果から、現在の職員体制では、子育て支援を行うことが大変であることが伺えます。子育て支援を行える職員配置や環境整備をしていくことが求められています（図表1-13・1-14）。

子どもの権利条約について

「子どもの権利条約」は、1989年に国連で採択され、1994年に日本でも批准された国際的な「子どもの権利に関する宣言」です。保育に携わるものとして、きちんと条約内容を知り、日々の保育に活かすことが求められています。「職場内外で学習したことがある」との答えは、449件（複数回答あり）でした。「特に学ぶ機会がなかった」との答えが116件あり、保育の専門家として学習が足りないのではないかと痛感しました。

保育の仕事に就いた理由

保育の仕事に就いた理由として、一番多かった答えは「子どもが好きだから」（608人・75.9％）、3番目に「小さい頃からの憧れ」（313人・39.1％）が多く、憧れの職業であることが伺えます。また、2番目に多かった答えが「やりがいのある仕事だから」（410人・51.2％）と保育への意欲の高さが感じられます。

相談相手は職場の先輩や同僚

専門的な相談ができる人が「いる」と答えた人は、703人（87.8％）です。相談相手としてもっとも多かった答えは、「同じ職場の先輩や同僚」で600人（85.3％）ありました。どの年齢でも多くの人が、職場のなかで相談できる人がいることがわかりました。

保育実践のモデルとなる尊敬できる保育者が「いる」と答えた人は、502人（62.7％）でした。若い人ほど、尊敬できる保育者が「いる」と答

図表1-15　相談できる人の有無（N＝801）

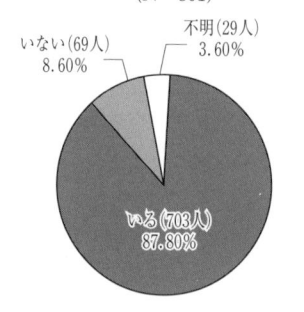

不明（29人）3.60%
いない（69人）8.60%
いる（703人）87.80%

図表1-16　尊敬できる保育者の有無（N＝801）

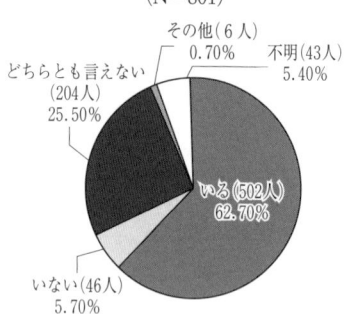

その他（6人）0.70%
不明（43人）5.40%
どちらとも言えない（204人）25.50%
いる（502人）62.70%
いない（46人）5.70%

えた人の割合が高くなっていて，モデルとなる先輩が存在しているという嬉しい結果でした（図表1-15・1-16）。

保育は専門性の高い仕事だと思うが，保育実践には自信がない？

保育の仕事は専門性の高い仕事だと思うかの問いに，609人（76.0%）の人が「そう思う」と答えています。その一方で，「やりたいと考える専門性のある実践ができているか」の問いでは「実践できている」「だいたいできている」と答えた人は，249人（33.0%）と低く，日々の実践に自信を持ちにくく，揺れ動いている人が多いことが推測できます。

また，専門性のある実践が「できている」「だいたいできている」と答えた249人のうち，235人の人が「専門的な相談ができる人がいる」と答え，さらに155人（62.2%）の人が，職場外研修に参加していました。相談することや学ぶことによって保育実践にも自信が持てるようです（図表1-17・1-18）。

専門性に見合った労働条件は確保されているか？

正規職員で専門性に見合った賃金などの労働条件が「確保されている」と答えた人は36人（5.5%），「だいたい確保されている」と答えた人を合

1章
保育者の労働環境と専門性の現実

図表1-17　やりたいと考える専門性のある実践ができているか×保育者の年齢別

年齢別階層 \ 専門性のある実践できているか	実践できている	だいたい，実践できている	どちらとも言えない	あまり実践できていない	全く実践できていない	不明
20〜24歳 163人 (100.0)	3 (1.8)	26 (16.0)	87 (53.4)	40 (24.5)	6 (3.7)	1 (0.6)
25〜29歳 156人 (100.0)	1 (0.7)	41 (26.3)	74 (47.4)	35 (22.4)	2 (1.3)	3 (1.9)
30〜34歳 91人 (100.0)	2 (2.2)	24 (26.4)	52 (57.1)	12 (13.2)	0 (0.0)	1 (1.1)
35〜39歳 75人 (100.0)	2 (2.7)	20 (26.7)	39 (52.0)	11 (14.6)	1 (1.3)	2 (2.7)
40〜44歳 79人 (100.0)	1 (1.3)	32 (40.5)	33 (41.8)	10 (12.6)	0 (0.0)	3 (3.8)
45〜49歳 64人 (100.0)	4 (6.2)	21 (32.8)	26 (40.6)	9 (14.1)	1 (1.6)	3 (4.7)
50〜54歳 73人 (100.0)	3 (4.1)	37 (50.7)	21 (28.8)	8 (10.9)	1 (1.4)	3 (4.1)
55歳以上 51人 (100.0)	5 (9.8)	27 (52.9)	10 (19.6)	6 (11.8)	1 (2.0)	2 (3.9)
不明2人			1	1		
合計754人 (100.0)	21人 (2.8)	228人 (30.2)	343人 (45.5)	132人 (17.5)	12人 (1.6)	18人 (2.4)

図表1-18　保育の仕事は専門性の高い仕事だと思うか（N=801）

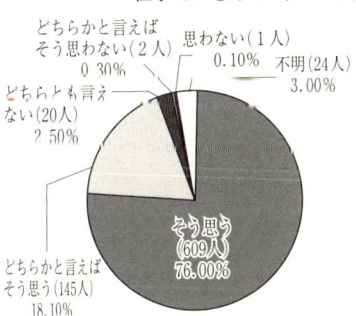

- そう思う（609人）76.00%
- どちらかと言えばそう思う（145人）18.10%
- どちらとも言えない（20人）2.50%
- どちらかと言えばそう思わない（2人）0.30%
- 思わない（1人）0.10%
- 不明（24人）3.00%

図表1-19　専門性にあった賃金などが確保されているか（正規職員）（N=660）

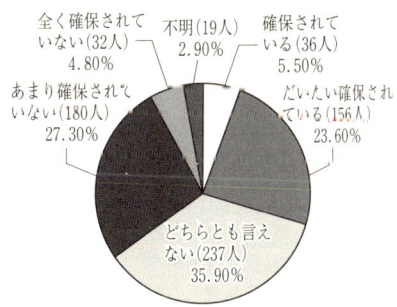

- 確保されている（36人）5.50%
- だいたい確保されている（156人）23.60%
- どちらとも言えない（237人）35.90%
- あまり確保されていない（180人）27.30%
- 全く確保されていない（32人）4.80%
- 不明（19人）2.90%

わせても192人（29.1％）でした。反対に「あまり確保されていない」「全く確保されていない」と答えた人を合わせると212人（32.1％）でした（図表1‐19）。

　非正規職員では、「確保されている」「だいたい確保されている」と答えた人を合わせて25人（26.9％）、「あまり確保されていない」「全く確保されていない」と答えた人を合わせると25人（26.9％）という結果になりました。正規・非正規共に7割ほどの人たちが、現在の労働条件は専門性に見合っているとは言えない状況にあることがわかりました。

　専門性を高めるために必要なことはとの問いに一番多かった答えは「研究会や職場での学習」451人（56.3％）、次いで「保育者としての向上心や使命の自覚」353人（44.1％）、「ある程度の保育経験」325人（40.6％）、「職場での良好な人間関係」247人（30.8％）「職場で実践に関する討議をする時間」220人（27.4％）でした（図表1‐20）。

3　保育者の健康状態

　健康状態が「やや不調」「不調」と答えた人は202人（25.2％）で、その人たちの具合の悪いところは、「腰痛」が128人と最も多く、次いで「偏頭痛」39人、「アレルギー症状」38人という結果でした。少数ですが、「鬱症状」13人、「不眠症」22人と神経症の不調がある人も見られ、精神的なストレスを抱えている人が増えてきていることがわかりました（図表1‐21）。

　また、この2年間で3ケ月以上の通院や入院をしたことが「ある」という人が222人（27.7％）でした。20～24歳以外の全ての年齢で3割程度の人たちが、この2年間で3ケ月以上の通院や入院が「ある」という状況です。

　疲れの程度を聞いたところ、「とても疲れる」「やや疲れる」と答えた人は716人（89.4％）、そのうち、「身体全体が疲れる」と答えた人は440人、「疲れを持ち越している」という人も674人と多く、疲れがとれずに慢性化

1章
保育者の労働環境と専門性の現実

図表1-20 専門性を高めるために必要なこと（複数回答）（N=801）

- 研究会や職場での学習: 451
- ある程度の保育経験: 325
- 専門的な機関での再教育: 23
- 生活できる賃金など: 139
- 適切な受け持ち人数: 133
- 職場で実践に関する討議をする時間: 220
- 職場での良好な人間関係: 247
- 優れた指導者: 107
- 保育者としての向上心: 353
- 文化的な経験など: 108
- その他: 9
- 不明: 64

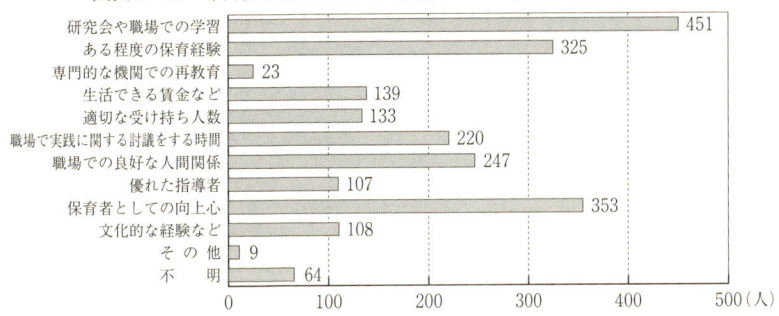

図表1-21 具合の悪いところ（複数回答）（N=202）

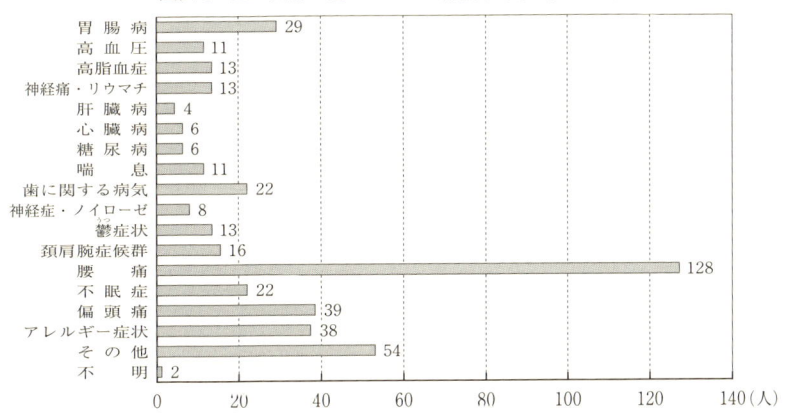

- 胃腸病: 29
- 高血圧: 11
- 高脂血症: 13
- 神経痛・リウマチ: 13
- 肝臓病: 4
- 心臓病: 6
- 糖尿病: 6
- 喘息: 11
- 歯に関する病気: 22
- 神経症・ノイローゼ: 8
- 鬱症状: 13
- 頚肩腕症候群: 16
- 腰痛: 128
- 不眠症: 22
- 偏頭痛: 39
- アレルギー症状: 38
- その他: 54
- 不明: 2

図表1-22 疲労回復状況（N=801）

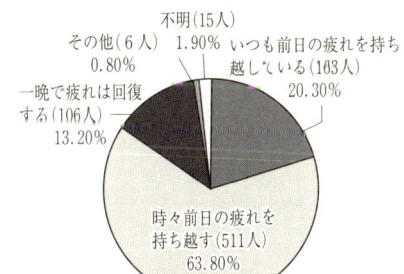

- いつも前日の疲れを持ち越している（163人）20.30%
- 時々前日の疲れを持ち越す（511人）63.80%
- 一晩で疲れは回復する（106人）13.20%
- その他（6人）0.80%
- 不明（15人）1.90%

図表1-23 仕事が原因でイライラすることがあるか（N=801）

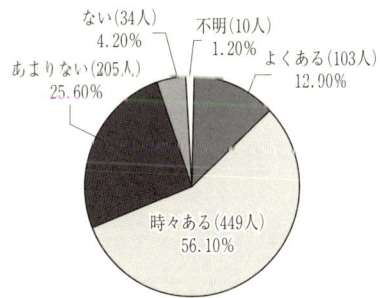

- よくある（103人）12.90%
- 時々ある（449人）56.10%
- あまりない（205人）25.60%
- ない（34人）4.20%
- 不明（10人）1.20%

している傾向がみられました（図表1‐22）。

　仕事が原因でイライラすることがあるかの問いには,「よくある」「時々ある」と答えた人が, 552人（69.0％）にのぼり, 通常の仕事でストレスを感じている人が多くいることがわかりました（図表1‐23）。

　また, 1日の平均睡眠時間は「6時間」という人がもっとも多く, 全体の平均睡眠時間は6.12時間でした。

4　職業生活に関する不安やストレス

ストレスを感じること

　「処遇の難しい子どもの問題」「親との関係」「職場の人間関係」「労働条件の問題」の4項目で,「ストレスを感じることがあるか」との問いに「よく感じる」「ときどき感じる」との答えを合わせて, 一番多かったのは,「職場の人間関係」（63.7％）でした。「よく感じる」だけをみると「労働条件の問題」でのストレスが一番多く20％ありました。やはり, 働くうえで労働条件改善, 職員関係の安定はとても大切であることがわかりました（図表1‐24・1‐25・1‐26・1‐27）。

自分の仕事ぶりについて

　「満足している」「自分の保育実践に大体満足している」と答えた人は, 110人（13.7％）,「良い保育実践ができていると思わない」「あまり良い保育実践ができていると思わない」と答えた人は, 290人（36.1％）と自分の仕事ぶりに満足している人が少ないことがわかりました。もっとやるべきことがあると思っている人が多くいると言えそうです（図表1‐28）。

保育実践は評価されているのか

　「保育実践は評価されていますか」との問いに「どちらとも言えない」

1章
保育者の労働環境と専門性の現実

図表1-24 子どもの問題でストレスを感じるか（N=801）
- よく感じる 12.50%
- 時々感じる 46.10%
- どちらとも言えない 18.70%
- あまり感じない 16.20%
- 感じない 5.00%
- 不明 2.40%

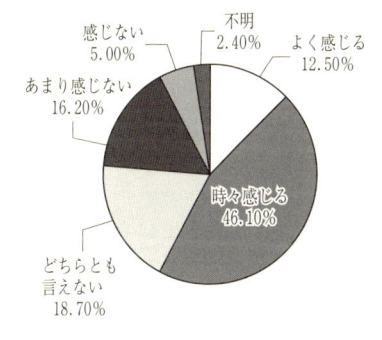

図表1-25 親との関係でストレスを感じるか（N=801）
- よく感じる 12.20%
- 時々感じる 46.10%
- どちらとも言えない 16.00%
- あまり感じない 17.40%
- 感じない 6.60%
- 不明 1.70%

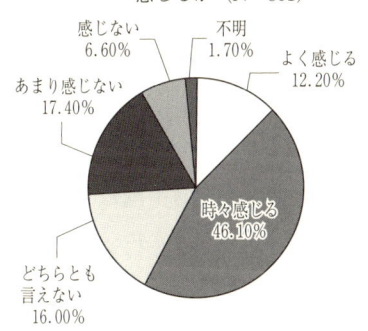

図表1-26 労働条件の問題でストレスを感じるか（N=801）
- よく感じる 20%
- 時々感じる 42%
- どちらとも言えない 17%
- あまり感じない 13%
- 感じない 6%
- 不明 2%

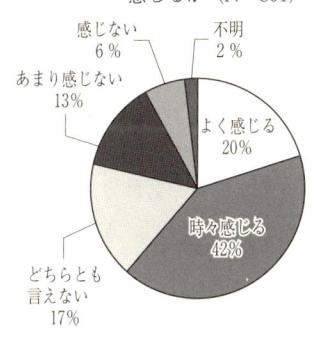

図表1-27 職場の人間関係でストレスを感じるか（N=801）
- よく感じる 15.18%
- 時々感じる 48.55%
- どちらとも言えない 14.39%
- あまり感じない 15.38%
- 感じない 5.09%
- 不明 1.40%

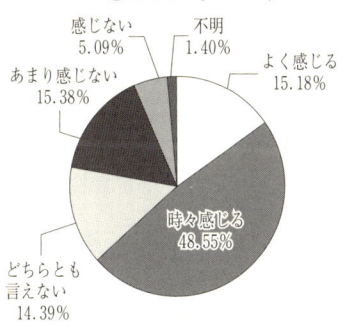

図表1-28 自分の仕事ぶりをどう感じていますか（N=801）
- 満足している(4人) 0.50%
- 自分の保育実践には大体満足(106人) 13.20%
- どちらとも言えない(377人) 47.10%
- あまり良い保育実践ができていないと思う(225人) 28.10%
- 良い保育実践ができていると思わない(65人) 8.10%
- 不明(24人) 3.00%

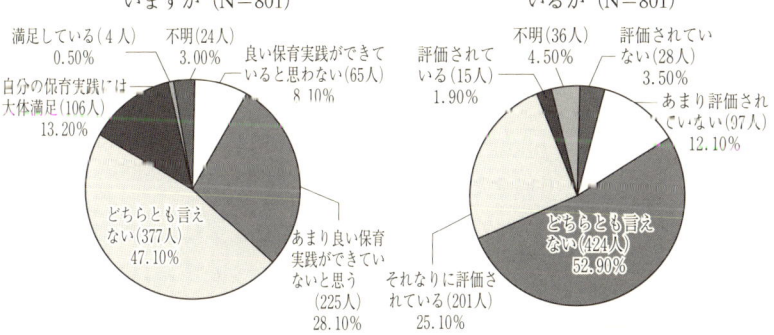

図表1-29 保育実践は，評価されているか（N=801）
- 評価されている(15人) 1.90%
- どちらとも言えない(424人) 52.90%
- それなりに評価されている(201人) 25.10%
- あまり評価されていない(97人) 12.10%
- 評価されていない(28人) 3.50%
- 不明(36人) 4.50%

と答えた人が圧倒的に多く424人（52.9％）でした。「評価されている」「それなりに評価されている」と答えた人を合わせると216人（27％），「評価されていない」「あまり評価されていない」と答えた人を合わせると125人（15.6％）です。どちらかというと「評価されている」と感じている人の方が多くなっていますが，もっとまわりから「評価されている」と感じられると自分の保育実践にも自信がもてるのではないでしょうか。そのために，保育実践をまとめ，職員間で確かめ合うことが必要ではないでしょうか（図表1-29）。

保育の仕事は働きがいを感じる仕事だけれど

　仕事がおもしろくなくなったり，仕事に行くことが嫌になったりすることがあるかを聞いたところ，「よくある」「時々ある」と答えた人は399人（49.8％）と約半数に上りました。年齢別に見ると35～39歳で50％を超えていて，経験を積んできた人のなかに何か燃え尽きる要素があることが推測されます。また，正規職員と非正規職員を比べると正規職員の方が，仕事がおもしろくなかったり，嫌になったりすることが多いという結果でした（図表1-30）。

　保育の仕事に働きがいを「感じる」と答えた人は503人（62.8％）「少し感じる」と答えた人は192人（24.0％）と多くの人が働きがいを感じていることがわかりました。保育の仕事は，働きがいを感じる仕事ではあるが，嫌になることも多々ある仕事でもあるということが言えそうです（図表1-31）。

保育の仕事を続けていきたいか

　「仕事を続けていきたいか」との問いに正規職員では，「続けていきたい」と答えた人は330人（47.2％），「どちらかと言えばと続けていきたい」と答えた人が277人（39.6％），非正規では，「続けていきたい」と答えた

1章
保育者の労働環境と専門性の現実

図表1-30 保育者の年齢別×仕事が嫌になることがあるか

仕事が嫌になる 年齢別階層	よくある	時々ある	あまりない	全くない	不　明
20～24歳 169人（100.0）	12 (7.1)	69 (40.8)	69 (40.8)	17 (10.1)	2 (1.2)
25～29歳 163人（100.0）	6 (3.7)	74 (45.4)	65 (39.9)	15 (9.2)	3 (1.8)
30～34歳 100人（100.0）	11 (11.0)	37 (37.0)	46 (46.0)	6 (6.0)	0 (0.0)
35～39歳 79人（100.0）	11 (13.9)	33 (41.8)	28 (35.4)	7 (8.9)	0 (0.0)
40～44歳 85人（100.0）	6 (7.1)	42 (49.4)	31 (36.5)	4 (4.7)	2 (2.3)
45～49歳 69人（100.0）	5 (7.3)	35 (50.7)	26 (37.7)	2 (2.9)	1 (1.4)
50～54歳 79人（100.0）	10 (12.6)	27 (34.2)	30 (38.0)	11 (13.9)	1 (1.3)
55歳以上 53人（100.0）	3 (5.7)	15 (28.3)	28 (52.8)	5 (9.4)	2 (3.8)
不明4人	1	2		1	
合計801人 （100.0）	65人 (8.1)	334人 (41.7)	323人 (40.3)	68人 (8.5)	11人 (1.4)

図表1-31 保育の仕事に働きがいを感じるか（N=801）

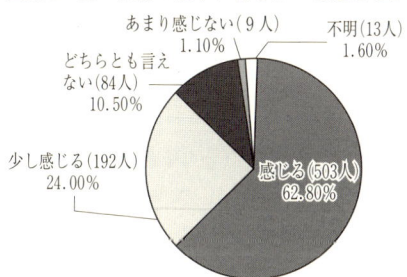

- 感じる（503人）62.80%
- 少し感じる（192人）24.00%
- どちらとも言えない（84人）10.50%
- あまり感じない（9人）1.10%
- 不明（13人）1.60%

図表1-32 保育の仕事を続けたいか（正規職員）（N=699）

- 続けていきたい（330人）47.20%
- どちらかと言えば続けていきたい（277人）39.60%
- できることなら辞めたい（62人）8.90%
- 今すぐにでも辞めたい（2人）0.30%
- 不明（28人）4.00%

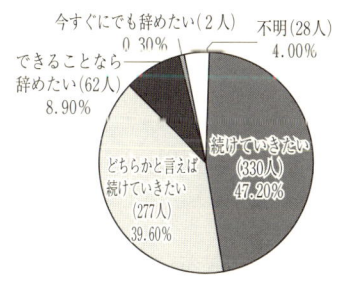

図表1-33 保育の仕事を続けたいか（非正規職員）（N=101）

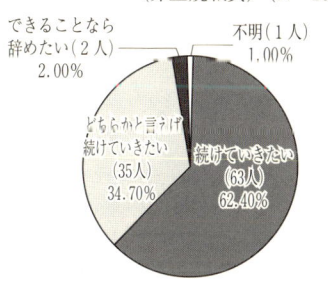

- 続けていきたい（63人）62.40%
- どちらかと言えば続けていきたい（35人）34.70%
- できることなら辞めたい（2人）2.00%
- 不明（1人）1.00%

人が63人（62.4％），「どちらかと言えばと続けていきたい」と答えた人が，35人（34.7％）と多くの人が「続けていきたい」と答えていました（図表1-32・1-33）。

また，年齢別に見ると35～39歳の年代から「できることなら辞めたい」と思う人の割合が高くなっていました。

「できることなら仕事を辞めたい」「今すぐにでも仕事を辞めたい」と答えた人は，66人（8.2％）でした。そのうち54人が辞めたい理由を記述してくれました。その理由は「体力，精神的にきつい」「仕事の負担が重くなってきている」「仕事に自信がもてない」「職場の人間関係がよくなくストレスがたまる」「仕事と家庭の両立が難しい」「労働条件への不安」「他の仕事も経験してみたい」でした。

保育者の労働環境と専門性についての自由意見

自由記述欄には85件の意見がありました。以下は年代別の主な意見です。

〈20～24歳〉
- 3年間，この保育園でアルバイトをして，学校に行き，資格が取れたので，今年度から，非常勤職員として働かせてもらっている。担任を任せてもらい感謝しているが，今のお給料では，自立（一人暮らし）が難しい。学校生活で得た，学びの姿勢，その喜びを大切にこれからも積極的に学び（研修など），保育士の専門性を高めていきたい。
- ケガ，病気をしたときの専門知識を学ぶ，学習会を開いてほしい。
- 年々，補助金などが減らされ，とても働きづらい環境になっており，この先，ずっと，この仕事を続けていけるのか不安。子どもたちへの負担も大きくなるばかりだと思う。専門性は，国家試験を受けた人と，学校を出た人の差が大きくなっているようなので，実際に現場に出てからも勉強していく必要があると思う。
- 保育士は，ゆとりを持って，穏やかな気持ちで，子どもに接するべきだと思うが，忙しさから，あせりの気持ちが，表情を固くしてしまうことがある。また，子どもと一緒に楽しめないと気づくときがある。専門性の高い仕事だが，それを高めるには，労働時間内だけではできないと思う。

〈25～29歳〉
- 労働環境は，年々悪くなっていると思う。私自身も仕事内容は正規と同じ仕事

をしているにもかかわらず，嘱託ということで賃金も違うし，手当てもまったくつきません。そういうなかで，ずっとは働き続けられないかなと思います。2年契約で更新できないし。
- 保育の情勢が揺れ動くなかで，職場では，一人一人がそれなりに危機感を持っているようですが，管理職と保育士では，持ち方も違いがあったり，保育士のなかでも認識が違うように感じます。どうにかして，補助金をもらおう（ポイントを稼ごう）とする。この制度のしくみ自体を改善したい。自分の身に降りかかっていることとして認識，まったく興味なしなど，これだけ職員間で意識が違うと，なかなか主張しにくいです。専門性については，一人一人が向上心を持って，日々を送ることは大切だと思いますが，その思いを互いに支えあう，前向きな職員関係が，とても大切になってくると思います。
- 大変な仕事の割には，賃金が安いように思うが，資格も結構，簡単に取れ，専門性もないまま働いている人が多くいるので，それもまた，仕方がないようにも思う。もっと，質の向上を図らないと保育士の地位の向上にはつながらず，いつまでも認められない仕事のままになってしまうのではないかと思う。
- 家に持ち帰りの仕事も多く，仕事内容もハードだと思う。その割には賃金が保障されていない気がする。
- 保育士という専門的な立場として，社会的には，まだ，認められていないことがあると感じることがあります。働きやすい，働き続けられる環境を整え，やりがいを持って働けることが，保育士の個人の専門性が高いからできるような気がしています。
- 職員の人数を増やすことで，より子どもたちに関わる時間が持てると思う。子育てのニーズの多様化や園に頼る保護者が増えるなかで，子どもの心も体の育ちも大切にしていきたい。それには，ゆとりを持って，一人一人と関わることが大切だと思う。保育の忙しさにかまけ，研修も年に3・4回しか参加できていません。勉強したい気持ちはあるものの。

〈30〜34歳〉
- 専門職なのだから，もっと世間から認められたい。賃金とか……生活するだけで精一杯。
- 自分はまだ，独身で，賃金の問題はあまり気にしてはいないのですが，今後，結婚し，生活がかかってくるとなると心配になることがあります。補助金は，減る一方で，私たちの給料も減っていくことに不安になります。将来はあるの？と思うことがあります。
- 労働環境と専門性は，連動しているものであり，環境が悪くなりつつある今，専門性が豊かになっていくとは，とても思えない。子どもに携わる保育という仕事をする人や保育現場を子どもにとって豊かにしていくことや，労働条

件を整えていくことが，今，とても大事なことだと思う。

〈35〜39歳〉
- 保育士に向いている，向いていないというのもある。専門性を高め，より良い保育のためには，向いてない人への再教育をしてくれる機関があればよいと思う。
- 専門性──求められるものは大きいのに，常に時間に追われる毎日。専門性を追求するには，職員間で共通なものにするよう話し合い，学習すること，実践すること。
- 労働環境──子育て中の職員にとって，延長保育の子どもたちを保育することは，時間（シフトがいろいろあって）がうまく使えない。自分の子育ての悩みは，どう対処すればいいのか，二重保育によってお金がかかる。
- 保育実践の評価というが，査定や給与にしか反映されないものであるなら，受けたくないが，反省材料になるものであれば，園長や主任または同僚保育士，外部からの講師（雇えれば）からの研修をかねたことを通して，評価されることがあってもいい。他の園では，具体的にどういう学習や実践評価をやっているのか知りたい。
- 国家資格になり，専門性を求められながら，労働条件は厳しくなり矛盾している。昨今の殺人事件の低年齢化は，私たちの力で食い止めることができるのか疑問。
- マンパワーだけに人間関係が難しい。
- 個人の努力や園の努力ももちろん大切ですが，今は，もう，それだけでは，やっていけない状況のように思います。福祉職場は，どこも悲鳴をあげているのではないでしょうか。社会のあり方，そのものを考えていかなければならないのでしょうね。このままだと将来「保育士」のなり手もなくなってしまいそう。悲しい結果にならにように，今やれることを精一杯やっていきたいと思います。

〈40〜44歳〉
- 国の基準での職員配置では，休みを取った時のフォロー体制などがきつくて，疲れやストレスがたまりやすくなり，ゆとりをもっての保育ができなくなります。短時間パートの保育士などが増えると，さらに話し合いなどの時間も増え，仕事の量も増えると思います。また，待機児童を減らすために定員数を増やすことで，子ども同士のトラブルが増えたり，目の届かない部分が増えて，規制してしまうこともしばしばです。子どもたちがよりよい環境で育っているかということには疑問が出てしまいます。改善を都や国にお願いしたいです。
- 保育士はとても忙しいと思う。保育士は疲れていると思います。情勢に影響を

受けやすいので，長時間保育・補助金のために，どうしたらよいのかなど厳しい状況にあります。親のニーズとは言うけれど，さまざまな保育形態を強いられます。まずは，子どもは少人数でゆったりと育てるべきかと思う。20人は多い。長時間保育をしなくてはならない親の労働時間の長さなど，日本の労働形態を考えてほしい。子育てをするのに親の環境，社会の環境をもっと日本の政治家は考えてほしい。子どもを大切にする国であってほしい。保育士の専門性もスウェーデンなどに比べると低いし，評価されないような気がします。いつからサービス業になったのか。

- 労働環境が悪化したら，これからの若い世代は，専門性を高めようと思えないのでは。その前に，すぐ辞めてしまったりする。
- ある程度の経験を経てからの再教育の場が，是非ほしい（大学など）。学生のころ，保育原理などを学んでも，今ひとつ，ぴんとこなかったが，今なら，よく理解できると思うし，自分の仕事を体系化，構築化しやすくなるのではと思う。
- 公私格差是正制度がなくなって明らかに，各保育園に賃金の格差，労働条件の悪化が広がってきているなか，日々の保育実践をていねいに振り返る時間や職場で話し合って決定するという園が少なくなっていると思う。また，若い職員の賃金の昇給が据え置かれたりして，働く意欲を失くしたり，矛盾を生むようになってきていると思う。子育て支援，次世代育成支援，公設民営化など，新規事業への対応や補助金カットで，経営者，園長の危機感をあおる発言や中堅やベテラン保育士への過度の期待などでストレスも多くなっている。若い保育士たちも日々の仕事に追われ，急がされ学習する時間や余裕がなくなっていると思う。
- 専門性を養っていくためには，学習する時間も必要だし，文化に触れる，ゆったりとした自分の時間を持つことで，人として安定した生活を過ごすことができるし大切である。そのためには，働く環境も休憩がしっかり取れたり，大人同士，子どもの姿を出し合い，考えあう時間が持てることも大切。
- 日本は，保育士に対する専門性や必要性の感じ方が低すぎる。それは，親たちにも言えることで，自分の子どもをどう保育してほしいのかなどの要求をもっともっと考えれば，その考え方も変わってくるのでは。政府は　もっと子どもたちを大切にしてほしい。
- 国家資格になり，業務内容としての位置づけは，より専門職にふさわしいものに近づいたと思いますが，労働環境や保育制度，そのものは，向上どころか，むしろ切り下げられているというのが現場で働く者としての実感です。専門性をいうのは，単なる看板やうたい文句ではなく，対象となる子どもたちの発達保障にとって，必要不可欠な最低の労働条件であると思います。であれ

第Ⅰ部
保育者の労働実態と専門性

ば，専門性を向上させるための環境は，当然整備されるべきであると考えます。
- 待機児童の解消を図ることの意義は，わかりますが，そうすることで現場はかなりきつくなります。さまざまな家庭環境の児童がいること，親がいることへの専門性が追いつかない（理想論ばかりで現実感がなく，実行は不可能に近い）もっと，いろいろな機関が，その親子に関わっている保健所や病院などからの助言があると助かります。役所は，入所させたら，それっきりな気がする。
- 私の園は，第三者評価で業者が入り，それに伴って，賃金も査定されることになりました。「保育」という仕事は，とても，やりがいがあり，これからも続けていきたいと思っていますが，生活していくことを考えると，体力的，そして，安定とは，かけ離れていっている現実とを考えるとこれからが怖くなります。

〈45～49歳〉
- 職場内で研修，討議してこそ，専門性が高まり，よりよい職場になると思う。忙しさのなか，じっくり討議できない状況。
- 人事考課導入の職場が出てきているが，職員間の共同，協調が大事にされ，子どもたちに接していく必要があるときに，評価を気にしての保育は全く逆方向に向いている。保育士に対しての子どもの一人当たりの人数が多すぎる。子どもには，ゆったりとした気持ちで接していけるといい。
- 保育の道，20年以上続けてきて，ある程度の経験，実践は責任があり，指導する場にあり，次の担い手への指導の難しさを感じるこのごろです。私たち40歳代の人は，先輩の保育を自分の目で見て，一つひとつ覚えていったものですが，それが，現在の20歳代の人にはできない。そして，言葉では理論的なことが言えているが，子どもへの保育には，伴わない。また，保育以外の生活で常識的なことが（あたりまえのことが）できないのには驚く。育ってきた環境は，ここまで問われるようになってきているかと思う。子どもに関わる前に（就職する前に）もう，１年ぐらい専門性を追求する期間が必要なのではと思う。
- 国・東京都の福祉（とくに乳幼児）に対しての意識が乏しく，なさ過ぎる。職場では，人件費カットが実施され，保育士の労働体制が悪化している。意見というより，ぐちになってしまうが，子どもにとっての安全，安心な保育を目指す保育園であるべきなのに環境が悪すぎる。老朽化の園舎，人件費カットと園内がすさんでいる。40歳代保育士の肩たたきをしているが，給与をもらいながら現場（保育）に出てこない職員もいる。言っていることと，やっていることに差がある。保育所を増やすより，現在，運営している保育園の

- 査察をきちんと行い，どの保育園運営も平等にできるようにしていってほしい。
- 資格のない保育者が，もっと資格を取りやすくする。例えば，乳児専門の保育資格を設け，芸術的分野の能力を問わないとか，実務経験をつめば，一定の条件をつけて，何らかの保育者資格を有することができるとか，保育士資格を持たないと，どんな経験をつんでも何のステイタスも得られないという現状が改善されれば良いと思う。
- 専門性は，今年，大きく問われていて，いろいろなタイプの子，保護者の対応など，きつくなり，理解しようとすると，学習していかなければいけない。実際にも気づかうところが多くなってきた。とても時間が必要になった。ストレスを発散させるためには，自分の時間もたくさんほしい。この労働条件（国，東京都）では，専門性は，名ばかりのような気がする。もっと，カウンセリングに関する学習が必要。
- 保育士は，子どもの心身のことに加え，保育技術の向上のための学習も必要である。学びたいことは，たくさんあるのに，なかなか，本を見たり，研修会に行くことや自分自身で実践をまとめたり，考察する時間がないのが，とても，はがゆく思っている。子どもにとって良い環境は，保育士たちの仕事の場としても優れた環境であると思う。その環境を整えることは，社会のもっとも重要なことであり，この国の質を高めることになるであろう。保育士が，専門性をいかせる職場であるということは，子どもを本当に幸福な社会に向けて育てることであり，子どもたち自身が，自分の幸福のために何をしたら良いのかを考えられる保育を行うことだ。子どもが幸福に暮らす社会は，大人にとっても幸福な社会。それを目指して働いていきたい。

〈50～54歳〉
- 実働8時間ではなく，休憩こみで8時間希望です。
- 一人一人の個性，生い立ちに，じっくり付き合いながら，保育者自信が自分の新たな一面を見出せた時ほど，保育をしていて充実感を感じ取れるときはないかもしれない。子どもから学ぶってそういうことではないかと思う。自分自身の狭い保育経験の枠に閉じこもったり，○○保育という型にこだわることなく，今，目の前にいる子どもがどういう成長発達を求めているかをじっくりといろいろな方向から見つめながら，自分の力で踏み出していけるよう援助することが保育の仕事だと思う。そのためには，押し付けられた競争やしなければならないことの強要をすることなく，じっくり待てる環境，せきたてられることなく，自己決定が最大限尊重できる人間関係，人的保障が必要になると思う。あまりに貧弱な日本の保育条件の抜本的な改革が求められ

第Ⅰ部
保育者の労働実態と専門性

ていると思う。
- ストレスについて——子どもと1クラスの人数と保育者の数のことで（最低基準について），年齢に見合った子ども集団とそれに見合った保育者数を考えた場合，現在の最低基準では，低すぎると思います。とくに4，5歳児は，一人担任になる場合が多く，仕事量も増え，一人一人に十分，手をかけられないこともストレスの原因になります。
- 多くの子どもの生命を預かり，その発達を保障し，なおかつ，現在，保育園に求められ，現場の保育士も感じている地域の子育てにも関わる事業をすすめるには，余りにも人手，時間，設備が良くない。少子化，日本の10年，20年後を国や行政は憂えているわりには，そこに予算を投ぜず，展望のない，切り売りのような施策になっている。働くものの賃金と労働環境が保障されていかない限り，専門性を高めようとしても，その歩みを遅めたり，限界を感じ，挫折してしまう，真摯な若い保育士もいるのではないか。
- 学校教育に比べて，幼児教育，とくに乳児期の教育については，育児，子育てと区分され，子どもの発達上からも，現在，心理学的にも，はっきりしていることが，実際の日本の乳幼児教育には，施策としても生かされていないと思います。ゼロ歳児の保育に関しては，それだけで，スペシャリストが必要と思いますが，いわゆる子守レベルから，行政的には進んでいないように思います。ゼロ歳までの子どもにもっとも大切なことは，基本的信頼関係であるにもかかわらず，安定した雇用が保障されず，担任が変わるなど大問題です。心ある保育士たちが蓄えてきた知識，技術を地域の子育てに役立てられる体制，そして，何よりも家庭に「親子そろって」，夕食を囲む労働政策こそが，大切と思います。保育士の学ぶなかに，家族論のようなことも多く必要になっていると思います。
- 保育の専門性は，常に目的意識的に追及されなくてはならない。そのためには，労働環境の整備や改善が求められる。近年の賃金の低下や各事業の状況によって，生活不安が募る一方で，交代制勤務の激務など，相反する状況が生まれている。学びたい，自分の力を発揮したいと思っても，自分の体がぼろぼろになってしまっていて，気力が，生まれてこない。
- 保育士の社会的位置づけも高くなく，ただ子どもが好きで一緒に元気に遊んでいるのが好き……という人も，何年か経つと自分の都合で，園児を怒ったり，身体を動かさず，文句だけ言う人が多くなり，他の意見に耳を貸さず，本来ならば，社会人としての子どもを育て，小学校，中・高，社会へ送りだす，大切な場所であるにもかかわらず，その重大さと責任に気づくことなく，自分の今，知っている事柄だけを取り入れ，一日を過ごしていく人が多いのが私立保育園勤務の現状である，という職場が多いのではないでしょうか。も

ちろん，しっかりと頑張っているところも多いとは思いますが，認可園に勤務していることに甘えて，時間から時間だけ過ごす気持ちでは，認証，無認可の保育士さんに負けてると感じられる時間を先日，持つことができました。もっと勉強したり，積極的に学ぶ姿勢が必要だと思いました。一般企業と違って，園内で評価がされることもなく，園同士の交流，研修の場がなく，自分のところしか，わからない状況を区部の指導者，園長などが変えていかないと，どんどん，年齢の上がった保育士さんは自分を省みることができないのではと思います。

- 子ども，親をとりまく情勢を考えれば，保育士自身の専門性が，ますます問われていて重要になってきているが，逆行して労働条件などは，より厳しくなっていて，日々の保育運営に追われ，心身をすり減らしている現状を打開できる方法が，見つけられるのだろうか。そして，健やかな命と明るい未来を果たして育むことができるのだろうか，危惧されてしまう。

〈55歳以上〉

- 昭和40年代に保育士になった者としては，専門として求められる内容が急に幅広くなり，変化が激しく，「親子」という，当然と思われていた基礎が崩れてしまったことで，心の整理が追いつかないでいます。一歩一歩，専門として求められている知識を自分に取り入れられれば，ストレスも減ると思います。しかし，職員同士も昔に比べて話す（雑談も大切なコミュニケーション）時間はほとんどない（仕事関係の話で精一杯）のが現状。子育て支援というのは，保育園も関わる必要はあっても中心的ではないと思います。地域の別枠の人々を（昭和30年代にあったような）今風の井戸端のような場所が必要。私の町，石神井公園には，「はらっぱ」という名前であります。保育園という場では，昔と違って今の保護者は，本音を言いません（心を開きません）。ただ，その辺のおばさん同士になったときに本音を話し，素直に耳を傾けます。たぶん，そんな住み分けができれば，保育園もゆとりが生まれるのにと思います。

- 保育者が，親，子どもの抱えている問題をすべて受け止めるということは不可能であると思うが，自分でできる範囲内で努力すべきであると思う。そのためには，人を思いやる，ゆとりは必要であると思う。そのゆとりは，労働時間，環境は大きいと思う。大人自身が，人といることにストレスを感じないように大人自身のケアが大切。

- 保育の仕事は，多様なニーズにこたえるべく，さまざまなことが要求されているにもかかわらず，労働条件は，悪くなっていくばかりです。子どもたちの置かれている現状を考えると将来は暗く，より高い専門性を持って，仕事ができるようにするためには，労働条件の改善と人手を増やすことが不可欠で

第Ⅰ部
保育者の労働実態と専門性

> す。豊かに暮らし，子どもたちに愛情を持って接することができるようにしたいです。
> ・労働条件を改善してほしいという要求を出せるほどに，保育士，一人一人が専門職であることの自覚をもって仕事をしてほしい。わが職場に甘えている。

5 保育者の1日

　この調査には調査票末尾に「あなたの1日の行動についてお尋ねします」との設問があり，記入日の昨日もしくは一昨日の行動を記してもらっています。以下は，その行動票に記された内容を簡単にまとめたものです。記述内容は詳細であり，そのすべてを分析することはできませんが，ここではいくつかの点に絞って分析を行っています。回収調査票は801,「保育者の1日」記入者657人，回答率82％。

分析の対象とした点
　ここでは，起床時間と就寝時間，子どもの午睡時間中の仕事，勤務時間終了後の仕事，持ち帰りの仕事（風呂敷残業）の4点について分析しました。
　(1) 起床と就寝
　平均睡眠時間は6.12時間ですが，12時過ぎに寝ている保育者が58％に達することが注目されます。保育労働に加えての自らの子育てなどの家事労働があり，さらに，保育園のサービス残業や持ち帰りの仕事によって，深夜の就寝が常態化していることが読み取れます（図表1-34・1-35）。
　(2) 子どもの午睡時間中の仕事
　子どもの午睡時間中は午睡介助の他，実際はほとんどの保育者が他の仕事も行っています。
　その主な仕事は以下のようなものです。

図表1-34 起床時間

時間	人数	割合
3時～3時59分	2人	0.3%
4時～4時59分	12人	1.8%
5時～5時59分	122人	18.6%
6時～6時59分	264人	40.2%
7時～7時59分	176人	26.8%
8時～8時59分	32人	4.9%
9時～	4人	0.6%
不明	45人	6.8%
	657人	100.0%

図表1-35 就寝時間

時間	人数	割合
20時以前	2人	0.3%
21時～21時59分	8人	1.2%
22時～22時59分	40人	6.1%
23時～23時59分	188人	28.6%
24時～00時59分	220人	33.5%
01時～01時59分	86人	13.1%
02時～02時59分	14人	2.1%
03時～	6人	0.9%
不明	93人	14.2%
	657人	100.0%

・打合せ，保育引き継ぎ，会議
・保育準備，保育日誌記録
・連絡帳記入，保護者への伝言ボード記入，保護者との話し合い
・実習生指導

子どもの午睡時間は"その他の事務仕事の処理時間"化しつつあると見ることができます。

(3) 勤務時間終了後の仕事

勤務時間終了後になんらかの仕事を行っている保育者は，記述者のうちおよそ8割に上ります。記述された主な仕事は以下のものです。

・職員会議
・保育室の片付け整備
・日誌書き
・親への対応について園長と協議
・父母懇談会準備
・保育や行事の準備と打合せ，製作準備，遊具づくり
・書類の整理と点検
・実習生のノート点検，ボランティア受け入れ準備
・ピアノの練習
・入院児童へのお見舞い

(4) 持ち帰りの仕事（風呂敷残業）

記述者のうちおよそ5割の保育者が，何らかの持ち帰り仕事を記述していました。その主な仕事は以下のものです。

- 明日の保育準備
- 日誌書き
- 園だより原稿書き，クラスだより原稿書き，保健だより原稿書き
- 研修報告原稿書き
- 月案，週案作り
- 年間まとめ資料づくり
- 当番表づくり

「保育者の1日」の分析

「保育者の1日」の記述について典型的なケースを5例そのまま掲載します。

掲載ケースも含めて「保育者の1日」は全体として以下のように特徴づけることができます。

- 就寝時間が遅く，睡眠時間も十分にはとれていません。休みの日に寝だめする保育者も少なくありません。
- 仕事中は休憩を取る時間がないか少なく，拘束時間を過ぎてもなんらかの仕事をして，なおかつ，持ち帰りの仕事も多く見られます。
- 子どもの保育以外の業務がかなりありますが，その時間は労働時間内に保障されていません。
- 帰宅後も家事と持ち帰り仕事に時間をとられ，テレビ視聴などリフレッシュの時間は極めて少ない状況にあります。
- 未婚者と既婚者ではかなり，生活時間に違いが見られ，特に30歳代後半の子育て中の保育者は，生活にゆとりを持てない状況が見られます。

最後に,「保育者の1日」の記述の分析にあたった保育士会調査メンバーが分析の会議の席上で語ったいくつかの感想を付記しておきます。
「女性の仕事と子育ての両立を支える保育者自身が両立できずに苦しんでいるようだ」「夜遅く帰ってくる夫のために,また,食事を用意する保育者もいるのをみると,日本はまだ男社会だなーと思う」
「保育の仕事は単身者にはいいけれど,既婚で子どもができるとよほど健康でないと続かない仕事なのか」

第Ⅰ部
保育者の労働実態と専門性

【昨日のあなたの一日の行動についてお尋ねします】①

性別	年令	家族の人数	収入が一番多い	持っている資格	保育園の経営主体	勤務先での身分	保育園での仕事	経験年数
女	35～39	6人以上	はい・(いいえ)	保育士	民間	正規	クラス担当保育士	10～15年

〈6月27日月曜日〉

01:00
02:00
03:00
04:00
05:00
　15　起床　洗たく1回目
　　　入浴
06:00　朝食の用意
　　　（弁当、離乳食作り）
　　　洗たく2回目
07:00　朝食、離乳食食べさせる
　30　保育園の準備
　　　（登園）
08:00　出キン
　　　保育園送り
　30　通キン
　50　到着
09:00　休けい
　30　キン開始
　　　～保育～
　45　避なん訓練
10:00　シャワー・水あそび
　35　離乳食介助
11:00　順次授乳
　20　食事片付け
12:00　昼寝
　　　食事
13:00　行事準備
14:00　目覚めた子からオムツ交換
　40　離乳食介助

15:00　授乳
　　　室内あそび
16:00　行事準備
　　　休けい
　　　保育
17:00　遅ばんキン
　30　キン終了
18:00　帰宅
　40　家到着
　　　夕食準備
19:00
　40　夕食
20:00　子どもの宿題をみる
　45　就寝準備
21:00　子ども寝かしつけ
　20　夕食片付け
22:00　入浴
　40　明日の用意
23:00　TVをみる
24:00　就寝

1章
保育者の労働環境と専門性の現実

【昨日のあなたの一日の行動についてお尋ねします】②

性別	年令	家族の人数	収入が一番多い	持っている資格	保育園の経営主体	勤務先の身分	保育園での仕事	経験年数
女	45～49	5人	はい・(いいえ)	保育士 幼稚園	民間	正規	クラス担当 保育士	1～5年

< 　月　日　曜日 >

- 01:00
- 02:00
- 03:00
- 04:00
- 05:00　・起床
　　　　　・着がえ
- 06:00　・朝食づくり
　　　　　・弁当づくり
　　　　　・洗たく、干す
- 07:00　・食器片づけ
　　　　　・出勤したく
　　　　　・風呂洗い
- 08:00　・そうじ
- 8:20　・出勤(通勤)合い
- 8:50　・保育(準備)
- 09:00
　　　　　　散歩
- 10:00　・食事介助(授乳)
　　　　　・おむつ交換
- 11:00　・室内あそび
　　　　　・睡眠介助
　　　　　・ノート記入
- 12:00　・昼食
- 13:00
　　　　　おむつ交換
　　　　　・おやつ介助(授乳)
- 14:00
　　　　　・室内あそび
- 15:00　・保護者会準備
　　　　　○保護者会
　　　　　　(4:00～5:30)
- 16:00
　　　　　・年間計画の話
　　　　　・子育ての悩みなど
- 17:00　・話し合い
- 17:30
- 17:55　・退勤
- 18:00　・買物
　　　　　・夕食準備
　　　　　・食事作り
- 19:00
　　　　　・食事
- 20:00　・食事片づけ
　　　　　・持って帰った仕事
- 21:00　・入浴
　　　　　・書類の整理
- 22:00　・保育士会のプリント分け
　　　　　・部屋の片づけ
- 23:00
　　　　　・テレビをみたり、読書したり
　　　　　・家族での会話
- 24:00　・体操など
　　　　　・入眠

第Ⅰ部 保育者の労働実態と専門性

【昨日のあなたの一日の行動についてお尋ねします】③

性別	年令	家族の人数	収入が一番多い	持っている資格	保育園の経営主体	勤務先の身分	保育園での仕事	経験年数
女	20〜24	4人	はい・(いいえ)	保士幼稚	公営	正規以外	6H〜8H	1〜5年

<5月30日 月曜日>

01:00
02:00
03:00
04:00
05:00

06:00 ↓
6:30 起床
6:40 朝食
07:00 仕度

08:00 ↓

8:20 保育園へ
8:45 到着
09:00 保育
　　　自由遊び ↓
10:00 集会
10:25 公園へ出発
10:40 体育指導

11:00
11:30 体育指導終了
11:50 保育日誌・昼食準備
12:00
12:10 昼食
12:30頃 グループごとに「ごちそうさま」
　　　午睡準備
13:00 午睡
　　　行事(合宿の準備)
14:00

15:00 起床・着替え
15:20 おやつ 食べ終えた子から「ごちそうさま」
16:00 ↓
　　　自由遊び

17:00
17:10頃 仕事終了 帰宅仕度
17:40 帰宅
　　　ピアノ練習
18:00 レッスンへ
18:10 ピアノレッスン

19:00 ピアノレッスン終了
19:15 家着
19:30 夕飯 テレビ
20:00

21:00 入浴

22:00 持ち帰った仕事(合宿に使用する小物 例)
22:45頃 明日の仕度
23:00 就寝

24:00

1章 保育者の労働環境と専門性の現実

【昨日のあなたの一日の行動についてお尋ねします】④

性別	年令	家族の人数	収入が一番多い	持っている資格	保育園の経営主体	勤務先の身分	保育園での仕事	経験年数
女	50～54	2人	(はい)いいえ	看護師	民間	正規	保健業務	15～20年

＜6月15日 水曜日＞

- 01:00
- 02:00
- 03:00
- 04:00
- 05:00
- 06:00
  - 30 起床
    - せんたく
- 07:00
- 08:00
  - 10 通勤
  - 25 着
  - 30 仕事開始
- 09:00
  - 0才保育補助
- 10:00 ↓ 0才保育補助終了
  - 日誌記入 (0～5才)
  - 40 けが手当
- 11:00 コンピューター入力・記録
  - 父母ノート記入
- 12:00 0才保育補助
  - 40 食事
- 13:00 ↑
  - 0才父母質問の対応
  - 幼児部会 アル消当番
- 14:00 ↓ 資料づくり
- 15:00 虫さされ児の処置
- 16:00 発熱児の対応
  - 30 ↑ アレルギー児チェック献立表づくり
- 17:00 ↓
  - 20 パンを買いに行く
  - 45 夕食 パンを食べながら父母面談の用意
- 18:00 定例 アレルギー児父母面談 (食事)
  - 30 虫さされ児の処置
- 19:00 職会に出席
- 20:00
- 21:00 職会終了、片付け
  - 30 ↓ 買物に (夕食の)
- 22:00
  - 10 帰宅
  - 夕食と朝食の準備
  - 45 入浴
- 23:00 せんたく
- 24:00 就寝 つかれた……

【昨日のあなたの一日の行動についてお尋ねします】⑤

性別	年令	家族の・人数	収入が一番多い	持っている資格	保育園の経営主体	勤務先の身分	保育園での仕事	経験年数
女	30〜34	3人	はい (いいえ)	保育士 幼稚園	民間	正規	クラス担当保育士	10〜15年

<7月11日月曜日>

01:00
02:00
03:00
04:00
05:00
　　50　起床
06:00　家事・食事作り
　　　　朝食
　　　　夕食(下ごしらえ)
　　50　洗濯
07:00　子どもの世話
　　15　食事
08:00　身仕度
　　　　後片づけ
　　45　子どもを保育園に送る
09:00
　　20　通勤
　　45　出勤
10:00　保育、水遊び
　　30　着替え
11:00
　　10　食事
12:00　午睡
　　30　休憩
13:00　ノート書き
　　30　仕事
14:00
　　40　着替え

15:00
　　20　おやつ
　　50　片づけ
16:00　室内遊び

17:00　室内とテラス遊び

18:00　延長保育
　　　　補食
　　30　退勤
　　50　帰宅
19:00　食事作り　　子どもの世話
　　10　食事
　　40　遊び
20:00
　　15　入浴
21:00　家事
　　20　持ち帰り仕事
22:00

23:00　TVなど見てゆっくり過す

　　50　睡眠
24:00

2章 調査結果の分析
──保育の専門性とは何かを考える素材として

垣内　国光（明星大学人文学部教授）

1　なぜ今，保育士の労働環境と専門性が問題なのか

　福祉「改革」が進むに従って，福祉・保育の「質」についての議論が盛んに行われるようになってきました。一つの有力な主張は，保育に関わる規制を緩和し補助金を減らして，競争の論理で「質」を確保し改善しようとするものです。質を確保できない保育は利用者から選ばれず淘汰され，良い質の保育が選択されて，全体として保育の質は向上するという考えです。選択と契約による市場的保育サービスの提供といえます。もっとも典型的な動きは公立保育所運営への営利企業参入です。

　もう一つは，地域コミュニティや家族が成立するための社会的基盤として福祉や保育を位置づけ，一定の公的規制と財政のもとで共同性を原理とするサービス提供によって「質」を確保しようとするものです。最低基準維持向上の行政責任を明確にし，営利性を排除して，ニードの認定から施設運営，福祉計画づくりに至るまで住民参加を保障するものです。

　現実の政策は地方分権化と市場化の改革が混じり合いながらすすんでいますが，大きな流れは明らかに，公立保育所民営化，社会福祉法人制度改革，負担金補助金低減，営利企業参入促進など市場化路線にあると見ることができます。

　この保育の「質」に関する議論において欠かすことができないのが，保育者の持つ専門性と労働環境の問題です。保育者がどのような専門性を

第Ⅰ部
保育者の労働実態と専門性

持っているのか，その専門性を担保する保育者の労働環境はどのようなものであるのか，が明らかにされなければなりません。

言うまでもなく，保育は保育実践を媒介して実現されるものであり，保育の質は保育者の専門性と労働条件抜きに語ることができない問題だからです。専門性と労働環境の議論をくぐらない「改革」論や「質」論は，ともすれば「資格を持っている保育者が担当するから保育の質に問題はない」とする意見を容認してしまいます。

すすみつつある保育改革のなかでこの間，どれほど地に足をつけた保育者の専門性と労働環境に関する調査が行われ，その事実に基づいた議論がすすめられてきたのでしょうか。心許ない現状があります。

今回行った「保育者の労働環境と専門性に関する調査」（以下，本調査）は，こうした現状のもとで，保育者組織が保育者の専門性と労働環境について行った自主的な調査であり，全国の保育士会に先駆けて行ったものです。精度の高い学術調査としても十分に認められる調査です。本調査結果が，これからの保育士の処遇や保育の質に関わる議論を活発にし，保育者をめぐる施策にも影響を及ぼすことを期待したいと思います。

調査を企画実施した東社協保育士会のメンバーに敬意を表したいと思います。

2　調査結果の分析

保育者の基本属性と主な労働環境——転換点に立つ調査データ

本調査の対象は，東社協保育士会会員と会員の所属する民間保育園の保育を担当する保育者です。20代の保育士が41.4％を占め平均年齢は33.4歳です。調査対象となった保育者のうち正規職員は87％。正規職で勤務している保育者の現在職場平均勤続年数はほぼ8年で，非正規職員は5年未満勤務が8割を占めています。三鷹労政事務所『多摩地域における民間保育

園の労働条件等の実態と保育士の意識』(2000年) を比較対象としてあげれば，正規職は20代保育士が49％を占め平均勤続年数は6.2年となっていますので，保育士会調査のデータでは勤続が少し長いことが読み取れます。

正規職の労働時間内の休憩は45分以上取れる人は33.9％。時間外労働がある保育者は83.7％に上ります。時間外労働をひと月に10時間以上行う人が21.3％，そのうち時間外労働に手当が「支給されている」人は35.7％です。正規職の賃金は年額平均386.5万円で，ほぼ勤続年数に比例して賃金が上昇しています。非正規職の平均年額賃金は132万円（月額11万円強）です。

職場の労働条件の透明性を示す指標である「同僚の賃金を知っていますか」の設問では，「だいたい知っている」は26.7％で，「全く解らない」が38.2％です。

厚生労働省『賃金構造基本統計調査（平成16年）』では，労働者の平均勤続は12.2年（女性は9.0年），年間賃金総額は平均485.4万円（女性は350.2万円）となっています。これと比較すれば女性は全国平均に近いですが，相対的に賃金の高い東京では低位にあることは否めず，同じ専門職である看護職や小中学校教員職と比較すればかなり低いといえます。

しかし，この賃金水準も急速に低下することが懸念されています。これまで東京の民間保育士賃金は，都市区等の加算補助によって公立保育士賃金に準拠して決定される仕組み（公私格差是正）が取られてきましたが，この数年，東京都，市区ともに上乗せ加算制度を廃止し補助金を減額しているためです。保育士の働く条件が急速に変化しているなかにあって，本調査で明らかにされた東京の民間保育者の賃金，労働時間等のデータはターニングポイントの指標となるかもしれません。

ミッション性は高いが実践の確信が持てない保育者——専門性

一般に，対人援助に関わる仕事や職業が専門性を持つと言われる場合，

第Ⅰ部
保育者の労働実態と専門性

①専門的知識，②専門的技術，③業務の裁量性（プロとしての判断権と裁量権＝マニュアル化された仕事ではない），④ミッション性（業務の社会的意義の自覚）が求められる要件とされます。また，専門性を支えるためには，スーパーバイザー（専門的相談を受けてくれる人）の存在や，労働条件の確保，さらには資格を含む社会的評価も求められます。

これらのすべてを調べることは不可能ですが，本調査ではいくつかの質問を通して，現実の保育者の専門性について議論の素材が提供されています。

(1) 知識，技術

まず研修についてです。多くの職場では職場内研修が行われていますが，12.6％の保育者はその研修が保障されていません。多くは職場外研修の権利は保障されていますが，参加している保育者は正規職で54.9％で，若年層ほど参加率が低下しています。

家庭との連携や子育て支援が必要であるとの認識はかなり高い結果となっています。一方，「子どもの権利条約」について学習したり本や資料を読んだことのある保育者は48.1％にとどまり，「全国保育士会倫理綱領」については「知らない」「有ることは知っているが内容は知らない」者が64.1％に上ります。「専門性を高めるために必要なこと」の第１位が「研究会や研修での学習」（56.3％）で，高度化する現代の保育に対応する研修，学習の必要性が認識されています。

(2) 裁量性

裁量性に関するものとして，保育計画づくりへの関与，日々の実践の自己決定権について質問が設定されています。年間の計画づくりでは「職員で検討」する場合が多いですが，「もともと定まったものがある」「あると思うが見たことがない」を併せて9.2％となっています。また，「日々の保育実践はどのように行っているか」では正規職の８割が「保育案に沿いながら」実践し，8.4％が「保育案にかかわらず子どもの状況にあわせる」

としています。概ね，保育者の保育の裁量権が保持されていると見ることができますが，実際の保育の仕方についてはさらに精査してみる必要があります。

(3) ミッション性（動機と専門性の自覚）

他の調査でもよく見られることですが，保育者になった動機は，「子どもが好き」「やりがいがある」「あこがれの職業」がベスト3で，もともと意欲をもって職業についていることがわかります。自らの仕事について「専門性の高い仕事だと思うか」との質問にたいして，76％の保育者が「そう思う」，18.1％が「どちらかといえばそう思う」と答えています。また，「専門性を高めるために必要なこと」の第2位が「保育者としての向上心・使命の自覚」（44.1％）としていることも注目されます。

(4) スーパーバイザー，モデルの存在

「専門的な相談のできる人」がいる保育者は高率（87.8％）ですが，相談相手としてもっとも頼りにされている人は「同じ職場の先輩・同僚」で「同じ職場の園長」は7人に1人と少ない現状にあります。また，モデルとなる保育者の存在では「いる」とした者が62.7％，若い層ほど「いる」とする保育者が多くなっています。

(5) 実践への自己評価

「専門性のある実践ができているか」との自己評価では，「できている」「だいたいできている」の計で33％，「あまりできていない」「できていない」の計で19.1％となっています。「どちらともいえない」はもっとも多く，現実には多くの保育者は揺らぎ確信は持てていない実態にあるといえそうです。年齢が高いほど実践の自己評価は高まる傾向にあります。また，職場外研修に参加している人ほど，また，スーパーバイザーが存在する人ほど自己評価が高まる傾向があります。

(6) 労働条件，社会的評価

このような専門性のある仕事に対する労働条件，社会的評価はどうで

しょうか。「専門性にあった賃金等の労働条件が確保されているか」の質問に対しては,「確保されている」「だいたい確保されている」の計は29.1％に過ぎません。また,労働条件がストレスの原因になっている割合では,「よく感ずる」が20％,「時々感ずる」が41.2％となっています。

やりがいもあるがストレスいっぱいの保育者——ストレス・健康状態・やりがい

看護職,教育職などにはよく知られたことですが,対人援助労働はバーンアウトしやすい構造があり疲労度が高いことが知られています。保育者の場合はどうでしょうか。

(1) 健康状態

「健康」との自覚のある保育者は31％,「やや不調」「不調」の計で25.2％です。2年間で3ヶ月以上通院・入院した人は27.7％と,4人に1人が"不"健康状態にあります。具合の悪いところは,職業病とも言える「腰痛」が高率（63.4％）ですが,「神経症・ノイローゼ」「鬱症状」「不眠症」など神経的症状を示す保育者も5〜10％ほど存在します。

疲れの程度は「とても疲れる」人は37.3％で,疲労回復状況は「いつも前日の疲れを持ち越している」保育者が20.3％に及びます。眠れないことも多く,「通常の仕事でイライラすること」が「よくある」は12.9％,「時々ある」が56.1％です。

睡眠時間は平均で6.12時間と多くありません。

本書1章の代表的な1日の行動表でも見られますように,かなりの保育者が「持ち帰りの仕事」を家に持って帰る実態があります。一晩では疲れが取れにくい実態があります。

(2) ストレス

ここでは3つのストレス指標から見てみます。仕事の対象である「子ども」「親」,労働条件,職場の人間関係です。

まず、「子ども」と「親」でストレスを感ずるのは、ほぼ同程度で「よく感じる」「時々感じる」の計で58％程度です。「子ども」や「親」によって励まされることもよくあることですが、「子ども」や「親」によって保育者が傷ついたりストレスを受けたりする傾向が見られるのが現代の特徴かもしれません。

　しかし、それ以上にストレスを受けているのが「職場の人間関係」です。「よく感ずる」「時々感ずる」の計で63.8％となっており「子ども」「親」より高いスコアです。連携が求められる職場にあって人間関係によるストレスが高く示されたことは、施設内人事マネジメントのあり方に一石を投ずるものと言えましょう。

　また、労働条件によって受けるストレスも両者計で61.7％と高いスコアを示しておりこちらも看過することはできません。

(3) 働きがい、仕事継続意志

　「働きがいがある」と「感じる」保育者は6割を占め「少し感じる」を含めると85％に上ります。「仕事が面白くなくなったり、行くのが嫌になったりすることはあるか」については、「よくある」8.1％、「時々ある」は41.7％ですが、正規職の方が嫌になるパーセンテージが高いことが注目されます。また、働きがいがあるとする保育者ほど仕事が嫌になる傾向が低いことも読み取れます。

　ほとんどの人が仕事を継続する意志を持っていますが、どちらかといえば、正規職の方が継続意志が非正規職より低い傾向があります。

　なお、他のデータにも現れていますが、なぜか35～39歳層がストレス度が高く仕事が嫌になる傾向があり仕事継続意志も低いという結果が出ています。自らの子育てを抱えつつ職場内では中間管理職的な仕事が増え、とくにゆとりが失われる年齢層であり、特別のケアが求められていると理解することができます。

第Ⅰ部
保育者の労働実態と専門性

きりきり舞いの保育者の毎日──１日の行動事例

　保育者の１日の行動についての代表事例で明らかなように，多くの保育者は，ゆとりを持っていないことがわかります。父母との懇談や職員会議など時間外労働も多く，それ以外に書類整理，日誌書きなど園でこなしきれない「残業」を家庭に持ち帰る保育者が多く見られます。

　仕事量が多いうえに，ほとんどの保育者は家事，育児の多重責務を負っています。家での買い物，洗濯，掃除，食事作りなどの負担も軽くはありません。典型的なパターンとして，入浴は11時以降，就寝が24時，起床が６時という厳しさです。１章で記載された５例（53頁）では，退勤後，ピアノレッスンの１例を除いて，職場以外の人との交流や文化的な催しへの参加はなく，短時間のテレビ視聴が記載されている程度です。

　豊かな保育を行うには保育者自身が豊かである必要があります。保育以外の記録，準備，片付け，保護者との交流，研修などの時間が勤務時間に保障されることが求められます（現行の国基準には付随業務の時間保障はない）。また，緊張度が高く専門性の高い仕事であることを考えれば，実労働時間そのものの検討が必要なことを調査結果は示しています。

　子育てと仕事の両立を支援する施設の保育者にこそ両立支援が求められていると言えます。

３　21世紀の子育て支援の核──保育のプロとして生きる

　この調査のデータが出て東社協保育士会の調査メンバーと検討会をしていたときの話です。

　「みんな保育士会倫理綱領って知らないんだね」「あまり本も買ってないし，研修にも出かけてないんだ」「以外と自分の実践に自信を持ってないんだね」「えっ，保育者辞めたい人もいるよ」

　あまり内幕を披露してはいけないのですが，メンバーは一つひとつの

データを見る度，驚いたりがっかりしたりの連続でした。メンバーたちが期待する保育者像というのはそれほど高いものでしたが，私は，その議論を聞きながらある種の心地よさを感じていました。

　私の眼から見れば，東社協保育士会の調査結果は，一言で言えば，「厳しいなかで誇りと意欲を持ってよく頑張っているな」というものでした。しかし，メンバーはそれでは満足できなかったのです。「もっと素敵な保育をするために専門性を高めて！　そして専門性を高めるためにもっと学んで，もっと主張して！」とメンバーが叫んでいるように聞こえました。

　感想めいて恐縮ですが，私はこんな保育者が存在する限り，東京の保育実践は守られていくと確信を持つに至りました。先述したように，専門性の要素としては知識技術や資格も必要ですが，仕事の裁量権と仕事へのミッション性があるか否かが問われます。さらに言えば，対象となる人や子どもの権利の代弁ができるかどうかに専門性の有無がかかっていると言えます。

　今，東京の公立保育園の民間委託化で多くの民間企業が参入しています。そのすべてといっていいと思いますが，保育者は1年契約の社員で何年勤めても賃金は上がらず，外部研修は認められずにいます。1年で3分の2の保育者が入れ替わった保育園もあるくらいです。「親が子どもを引き取りに来たら笑顔で丁寧に迎えよ」というマニュアル化された保育を強いられています。

　そうした保育園に勤務する保育者は保育士会に加入してくれるでしょうか。そうした保育園に勤める保育者は，実践の裁量権を持っているでしょうか。自ら進んで園の子育て支援を実践できるでしょうか。そうした保育園に勤める保育者は，子どもに被害を及ぼすことに対して，権利を代弁できるでしょうか。

　私が確信した理由はここにあります。少なくとも，調査結果から言えることは，東京の保育士が抱える矛盾や問題は，より良いプロになろうとし

て，より良い実践をしようとするなかで生じているということです。より良いプロになろうとする姿勢を持たない限り，矛盾や問題は生じないからです。問題が健全です。

　そこに保育の未来があると確信できます。確かに専門家としては足りないことが多くあるでしょうし，不満やストレスも多くあることでしょう。しかし，それらはいずれも解決可能です。課題を解決することは保育の質を高めることです。

　この意味で，本調査はプロとして生きることを保育者たちに鋭く問いかけています。それはまた，保育者をプロとしてどう処遇するかを社会に問いかけてもいるのです。

3章 現場シンポジウム
保育の仕事ってたいへん!!
―― 揺らぎながらでも続けたい

コーディネーター　垣内　国光
シンポジスト　　　20代保育士　山本ゆかり（江戸川区・なの花保育園）
　　　　　　　　　30代保育士　佐藤　和美（北区・労働者クラブ保育園）
　　　　　　　　　40代保育士　大塚さえ子（東村山市・つぼみ保育園）
　　　　　　　　　50代保育士　藤原　恵子（杉並区・高井戸保育園）

1　問題提起――保育者の実態抜きに保育の質は語れない

　垣内　2005年，東社協保育士会が行った調査（「保育者の労働環境と専門性に関する調査」）が保育や社会福祉の分野でたいへん注目されています。この調査で，現在の保育者は，どういうことに悩みどんな健康状態にあって，どのような専門性の意識を持って，いかなるストレスを抱えているのか，ずいぶん明らかになったからです。現代の保育者の実像が少しわかってきたように思います。

　保育の仕事は対人援助労働です。対人のケアを技とする職業の代表的なものは，保育士，看護師，教師などです。看護師は保育士よりも賃金が高いけれども離職率も高く，燃え尽きやすい職種だといわれています。看護学校の先生と話をしますと，若い人から中堅にかけて看護師が辞めてしまうということが問題になっているそうです。労働条件の問題もあるし，それに加えて患者さん相手のストレスとか職場の人間関係のなかでバーンアウトしてしまうという傾向が強まっていると聞きました。

保育士も似たところがあると思うのですが、保育士については、実ははっきりとはわかっていませんでした。あまり、問題にもされていなかったように思います。私たちが、我慢して頑張って仕事をすればいいということでは現実はすまなくなっていると思います。

しかし現実は、保育の規制緩和や市場化がすすんでおり、ご存知のとおり、国も都も競争すればするほどよい保育ができると言っています。公立の民営化がすすみ株式会社の参入がすすんでいます。その政策をすすめていけば保育者はいったいどうなるのか、保育の専門性はどうなるのか保育の質はどうなるのでしょうか。保育の質は、そのほとんどを保育者のあり方、保育者の専門性とやる気に依存するわけです。

当の保育者の実像を明らかにすることなくして政策がすすめられること自体が問題なのです。子どものケアと専門性、労働条件が深く関係している事実を明らかにし、その事実を社会的に訴えていくことが求められているのではないかと思います。

一人一人の保育者として、また保育士会という組織として、思いや悩みなど実態を出しあい、これから、どのように実践し専門性を向上させていけるのか、何を社会に訴えていくのか、そのヒントを今日のシンポジウムから得ていきたいと思います。

最初に若手を代表して山本さんお願いします。

2　20代保育士の思い

正規職になったもののぴりぴりしていた私

山本　1年目は名古屋にある保育園で臨時職員として働き始めました。本当は正規職員で働きたかったのですが、保育園選びにこだわっていて、どうしてもそこの保育園に入りたいと思い、臨時職員として働き始めました。とにかく楽しかった。尊敬できる保育者がたくさんいましたし、職員

会議で子どもの話が出てくると，「あーなるほど，そんなふうに考えるんだ」と学ぶことがすごく楽しかったですね。自分もああいう先生になって，こんな実践が書けるようになりたいとすごく前向きな1年目を過ごしました。

　組合活動にも参加するようになりました。目の前の子どもを守るためには保育園だけではなくて，保育園を支えている地域，地域を支える行政にも働きかけて，環境を整えていかなくてはいけないということもそのときは感じていました。しかし，くわしい話になると「臨職さんは帰っていいですよ」ということになって，同じ仲間なのにそこの話には入れてもらえないんだなと矛盾も感じるようになりました。正規になりたいと思って，今と同じような，運営が民主的だとされる保育園を探しました。

　2年目から6年目まで正規職員として，名古屋の隣にある自治体の保育園で働きました。名古屋市は補助金もいっぱい出ているので東京都と変わらず恵まれていましたが，その市は国基準になるので，職員の体制もお金も名古屋市から比べるとずっと少なかった。市には民間保育園は2園しかなく，一つは私の園でもう一つはお寺がやっている園でした。私が就職したときは2歳児までの保育園でしたが，就学前まで受け入れる保育園になる運動も5年間続いていて，お金集めも含めてこれからいろいろやっていかなくてはいけないと言われ，自分も一生懸命だったように思います。

　確かに良い保育をしているなということは実感していたので，そこで学んでいくことも子どもと接することも楽しかった。でも体制がとっても厳しく，朝，保育室に行って子どもの数が少ない日などは，一人抜けて園の仕事をするような日々でした。余裕のある保育をするよりもぎりぎりのなかで保育をして，手のあいた保育士を他の仕事にまわすようなやり方でした。朝からピリピリしながら保育をしている状態でした。そうしたなかでも働けたのは，子どもを守るためにやらなければいけないと，親と一丸になっていたからだと思います。

しかし，私自身は新米で精神的にも未熟だったので，「支えなさい，支えなさい」とばかり言われると，「自分のことは誰が支えてくれるの？自分だって支えてほしいのに！」という気持ちが生まれてきました。でも，そんなことは言えず，お母さんたちのケアも子どもたちのことも受け入れ，保育以外にもあれもこれもやらなきゃいけないという状況のなかで葛藤していました。

家に帰って一人になると，疲れが出て暴飲暴食になったり，ふて寝したりということもありました。最初のうちは同期の人と発散させていましたが，だんだんとそれをするのも疲れてきて，本当にもう誰とも話したくないというぐらいに陥ってしまいました。

保育の仕事は好きだったので出勤はしていましたが，子どもたちに対して語りかけるときも，本心で言っていない自分に気がつきました。隣で同じ言葉をかけている保育士を見ても，本当に本心で言っているのか，自分みたいに演技で言っているんじゃないかと自問自答していることがありました。園長先生自身も仕事で疲れて熱があっても，ふらふらになりながら仕事をするのが当たり前なのよという姿勢を見せていましたので，自分たちも病気になっても休みたいとも言えず，子どもがいる人はお子さんが熱を出しても帰れないこともありました。熱を出した子どもを預けている保育園の先生から職場の保育園に電話をしてとお願いして出勤してくる保育士もいたほどです。

守られていることが実感できている今

そんな状態でも働けていたのは，やっぱり，子どもが大事という気持ちが強かったからだと思います。でも一つ狂ってくると，見栄ばっかりになってしまいます。コンビニで買ってきたお弁当も園長先生に「自分で作ってきたの？」と聞かれると「はい」とごまかしていました。心身ともにぼろぼろになっていたように思います。働き続けられるのかなっていう

思いがでてきました。

　東京の保育が見てみたいという大きな理由もあったので，思い切って環境を変えようと退職し，東京に出てきました。感じたのは，やはり東京には保育を続けることができる条件があると言うことと，今の園の職員体制で，本当に守られているということです。もっときつく言ってもいいんじゃないのかなって思うぐらいに守ってくれます。自分がプライベートのことで崩れかけても，助けてくれる人たちがこんなにいるんだなということを実感しています。今の保育園は自分が来たときに立ち上げた保育園で，いろいろな保育の価値観を持っている人たちが集まっているので，統一していくのは難しいけれど，労働条件では，本当の意味で働き続けられるということを実感しています。

　垣内　保育の仕事は大好きだけど，あまりの忙しさに燃え尽きてしまう。また，お互いが立派すぎても必ずしもうまくいくとは限らない。難しい世界ですね。考えさせられました。愛知に比べれば，東京は今のところ条件はよいのですが，その東京でも保育者は揺れています。

　次は30代で仕事も子育ても頑張っている佐藤さんです。

3　30代保育士の思い

子育てしながら，働き続けて

　佐藤　私の園は，職員が20代から50代まで，年齢的に偏りがなくバランスのとれた職場です。結婚や子どもができたからという理由で辞める人もなく，子どもをどんどん産んで出産ラッシュが続いています。子育てと両立できなかったり，自分の体調をこわしたり，自分の親の介護の問題などで退職を希望する人もいますが，その人がなんとか仕事を続けられるように病欠や休職をとったらどうかと，みんなが働き続けられるために考えあえる職場です。

第Ⅰ部
保育者の労働実態と専門性

　私は，子どもが3人いますが，ちょうど長女のときから育児休暇が取れるようになりました。まだ，ゼロ歳児保育をやっているところが少なかった頃，子育てをしていた先輩たちは家から遠い無認可保育所まで，雨の日も荷物を抱えて連れていっていました。1ケ月ちょっとぐらいの子どもを抱えて働いた先輩たちからは，「おんぶができるようになるまで休めるようになって本当によかったね」と言われました。育児休業法では，1年取れるようになっていましたが，「3ケ月，4ケ月でおんぶができるようになったら復帰しよう」と思いました。乳児クラスに戻る予定になっていたので，運動会直前に変わるのでなく，運動会は関係のついた代替の職員とやって，運動会が終わってからと思い，育休を2ケ月とって復帰しました。

　復帰したときは，子どもが4ケ月でまだ，夜中，授乳があったりして，やっぱり1年とればよかったかなと思った時期もありました。復帰後も熱を出すし，喘息やアトピーもあって，復帰したばかりで休むのは申しわけないという思いもあり，頑張ってしまったこともありました。入院することもありましたが完全看護だったので，仕事は休まず，夜中は病院で過ごして，そのまま出勤するということもありました。

お母さんはあなただけだから
　二人目も喘息でした。長女のときはその子一人に関わっていればよかったのですが，二人目になると上の子の面倒もあって大変でした。長女がどもり始めたときは，それを受け止めきれずに半年ぐらい尾を引いてしまいました。辛い時期でした。その頃から，職場を辞めようと思うことがありました。休めない職場ではなかったのですが，主任や副主任も休んでいなかったりすると，なかなか，その一言が言いづらかった。そうしたときに職場の先輩から，「保育者の代わりはいっぱいいるけど，お母さんはあなただけだから，休みなさい」と言われ，緊張が切れて休むという選択が自分からできるようになりました。

経済的な理由もあって1年とらずに復帰する人もいますが、「おたがい様」という雰囲気で育児休業を気兼ねなく1年取れるようになってきています。

若い方に言いたいことは、これから長い間働き続けていくうえで、育児休業は子どもとのんびり向き合えるよい期間であるとも思います。ぜひ取ってみて欲しいと思います。

労働者クラブ保育園は働く父母の生活実態にあわせて、産休明け保育、延長保育、ゼロ歳児クラスでも長時間保育を実施してきました。最近では、職員の勤務時間を8時間から8時間半にのばして、クラス別に6時まで保育ができるようにしています。延長保育を実施しようと考えていたときに、父母の要望に応えるのと裏腹に自分の子どもは誰が見てくれるのかということも出されました。みんなが、「よし、やっていこう」となるまで、自分の子どもが二重保育になれば経済的負担もあるなど、みんなが不安に思っていることを出しあって、一つひとつ解決しながら進めていきました。父母の実態に合わせて保育時間を延ばすことはいいことだけれど、それと自分の子育てをどうするのかというギャップがあると思います。

調査報告書の「仕事を辞めたい理由」の自由記述欄のまとめがありますが、みんな当てはまります。「体力的精神的にきつい」「職場の人間関係ストレス」とならんで「仕事と家庭の両立」についても多く書かれています。クラスの懇談会でも生活リズムの話をするなど助言をする立場でありながら、いざ自分の子はできているのかというと、自分もなかなかできないことがあってギャップを感じています。自分もできてないことも話しながら、目の前にいる子どものために父母と保育者と一緒に日々悩み考え合っていきたいなと思っています。職場の仲間とも「おたがい様」と言いあえる職場であり続けたいと思っています。

垣内　こういうふうに自分の子育てで苦労している保育者ほど子育て支援ができるはずですね。共感を持ってお母さんたちのことも受け止められ

るわけですから。家庭を持つベテランの保育者が働き続けられる条件をどうやったら作れるかということは大きな問題です。

さて，つぎの大塚さんは40代の保育者です。長く保育をしていて今がとっても楽しいそうです。

4 40代保育士の思い

意見を言う，それが責任ある保育士の立場

大塚　私が保育士になったのは1980年，昭和55年です。前の年に美濃部革新都政から鈴木都政になりました。それまで，「運動すれば実現する」「保育条件がよくなる」と先輩たちががんばって東京の保育は変わってきました。そのことを知っている最後の年代かなと思います。それから現在の石原都政まで，保育行政が悪くなってきて，それを肌で実感しているのが40代ではないかと思います。

保育士になったときには職場は本当に活気がありました。「人勧凍結反対」などいろいろなデモに行っていました。今は，なかなかそこまでのエネルギーも無くなってきていて，運動のあり方も変わってきているので難しいです。そのころ，中心になって頑張っていた先輩たちは，今の時代をどうみているのかな？　と思います。労働条件を改善するために童謡を歌いながらデモをしたことや，労働条件が悪くて「生まれ変わったら保母にはならない」と遺書を書いて自殺した保育者の話などを語ってくれるたくさんの先輩たちがいたので，東京の保育が成り立ってきたことを知りました。

私は新設園に就職しました。職員が21名いたなかで半数が新人でした。そこで育ってきたので，新人だろうがベテランだろうが，保育に関して責任があるなら意見をいうのは当たり前でした。職員会議などで黙っていると「あなたはどう思っているの？　わからなくてもいいから，どこがわか

らないかきちんと言いなさい」と言われてきました。園のなかでも市に対しても都に対しても国に対しても「言っていくのが当たり前，それが責任ある保育者の立場でしょ」と教えられました。ですから今でも保育士会や組合などで都や市に要望に行ったりしています。でも，どんどん悪い方に流れていて，これで未来を担っていく子どもをきちんと育てていくことができるのかと感じます。

　長く保育士をしてきて一番思うことは，やっぱり仲間の存在がとっても大きかったことです。一人暮らしも多かったので，月に1回料理を持ち寄って集まっていました。そこで，先輩たちの愚痴も言ったし，園では言えないことも言える仲間がいたからやれたのだと思います。今の若い人たちを見ていると一人ぽつんと入ってきて，いろいろな悩みをどういうふうに解決しているのかと心配です。20代の人とは年に開きがあるので，私には言えないにしてももっと年の近い人には話をしているのかなと思いながらもそこには踏み込めずに考えてばかりいます。

　私は，独身で子育てをしてこなかった保育者です。20代，30代は本当に保育に人生を捧げたのではないかと思うぐらい，プライベートでも研修会に出かけたり活動に参加したりできました。子育てをしてきた人は子育て経験をして豊かになっていくのでしょう。私にできることは何だろうと思ったとき，自分が園外でいろいろな人と交わって楽しかったことを園内にも伝えていこう，そんな気持ちでやってきました。保育士会にくるといろいろな園があって，すごく楽しいし，係りや常任委員をやったときにも外に出るのがとても楽しかったですね。

40代になって，力が抜けて周りを見られるようになって
　40代になってようやく少し力を抜いて，周りが見えてきたかなと感じています。今まで走って考えてきたことが身になり，若い人たちのこと，親のこと，子どものことがようやく見えるようになってきたかなと思います。

ちょっと肩の力を抜いて，保育の見直しができるようになったと思っています。自分にとって山も谷も壁もありました。大きい山があって泣いたこともあったし，深い谷もありました。今，20年ぶりに幼児クラスの担任をしてみて，子どもたちの様子が全く変わってきていて，それについていけない自分がいて，それも壁だなって思っているところです。大きい壁だけど楽しくもある。きっと悩まない保育者はいないと思うし，それが保育者じゃないかと思います。

　今までは自分の価値感が先行して子どもにもこうあるべき，親にもこうなってほしいと思うことが多かたけれど，フッと肩の力を抜いたときに，価値観の違いを素直に認められるようになったと思います。「このお母さんはこういう価値観を持っているんだ，私とはかなり違うけど，こういう思いなのね」と認められるようになりました。この年になって，やっと，そういう価値観の人もいるよね，いろいろな思いの人がいるよねって思えてきて，それをそれぞれに受け止めて，その上で同じように接していけるのが専門職としてのあり方なのかなと思えるようになりました。

　現在の最大の悩みは，自分の思いを今の若い人にどのように引き継いでいこうかということです。せっかく東京ではいい保育条件がまだまだありますから，いい面を若い人たちに引き継いで保育をしてほしいと思います。まずは，私に歴史を語ってくれた人がいたように，私は若い人に歴史を語っているのだろうか，まだ語りきれていないなと思っています。その辺を40代，50代がしていかなくてはいけないのでしょうね。今までのことをどうしたら引き継いでいけるのか。自分たちが頑張って活動するのも大事だけれど，それで若い人たちが引いてしまったら，保育も成り立っていかない。その辺の難しさを感じていて，それが今，一番の自分の課題です。

　40代になって肩の力も抜けて保育のおもしろさが見えてきてもいますので，こんな思いでやってきたんだと伝えていきたいと思っています。

「子育てって楽しいよ」と言ってあげたい

　親にも伝えたいことがあります。最近，親の中にも精神疾患を抱えている人が増えてきています。頑張り屋でまじめな人ほど悩んでいて，ストレスを抱えてしまう人が園のなかにも増えてきました。そういう人たちにも子育てって楽しいよと言ってあげられる保育者になりたいし，職場の人たちと一緒に対応していきたいです。

　保育園時代ならいいけれど，小学校，中学校と，もっとたいへんになってきます。子どもってすごいよ，たくさんのエネルギーを持っているよ，子どもから学ぶことがたくさんあるよ，ということを保育者にも父母にもいっぱい伝えていける保育者になりたいです。

　ある研修で講師の先生から，「21世紀は文明と文化の綱引きです。食事もチン！で食べられるけどそれは文明，保育園って文化を伝える場所ではないか」と言われました。面倒くさいものだけど，手間ひまかかるけど，それが子育てだったり保育だったりする。土に触れたり季節の行事だったり，食文化だったり地域の文化だったり，園の文化だったり，そういう文化を子どもたちと大事にしていきたいと思っています。そして，時には，子ども以上に楽しめる保育者でありたいと思います。いろいろな思いを自分はまだまだ伝え切れていないし，伝えると同時にたくさんの人の思いをもっともっと聞きたい，そんなふうに考えながら保育をしています。あと何年，保育者でいられるか現場にいられるかな。もうちょっと頑張って見ようかなと思っているところです。

　垣内　40代だからこそ，味わえる保育がありますね。経験の蓄積によって見えてくるものがありますね。ありがとうございました。考えさせられました。さて，最後は，園長先生からのお話です。

5　50代保育士の思い

人を育てる立場になって感じること——プロの保育者になって欲しい

　藤原　去年まで保育士会に関わっていました。2006（平成18）年4月から公設民営3年目の高井戸保育園に異動になり，園長をやっています。新米の園長です。私の職場でも2000年頃から人事考課が導入されて，査定する立場で指導するようにと言われています。先ほど，「20代の職員は40代，50代の人には相談できないよね」という話が出ていましたが，人事考課の導入で，全職員の面接を年1回，数名の主査がそれぞれ分担してするようになり，それをきっかけに子どもたちの悩みをちょくちょく言ってくるようになりました。それはそれでうれしいのですが，自分では本も読まず研修に行かずに人をあてにしてきます。「すぐに答えを求めないで，少し勉強してね」「本も自分のお金で買ってね」と話をしています。

　こんなことがありました。あまりいいたくない実例を2つ，3つ話します。最近の若い人たちのなかには，自分で考えて自分で結論をだすことをしない職員が多いように思います。例えば，「児童票の提出期限は今日までですよ」「あーっ。ごめんなさい，家においてきちゃった。どうすればいいですか」と言うのです。でも，とってこられない事情があるのなら，自分で考えてそれを言ってくださいと言いたいのです。「出勤時間間違えました，どうすればいいですか」と聞かれても「自己責任でしょ，知りませんよ」って（笑）。

　評価を気にしているのか，責任をとりたくないのか，指示を待っているのか，いちいち応えられませんよ（笑）。「私に結論を求めないで，あなたは，どうしたいの？」と聞くようにしています。その提出物も，「どうしたいの？」と聞きました。そしたら，「今日，とってこられません。明日でいいですか」と聞かれたので，「はい，わかりました」ってことになり

ます。

　運動会のときの整列でもそうですね。先生がはっきり指示を出さないから，子どもたちも迷ってふらふらです。前につめるか間を空けるか，ぐちゃぐちゃになってしまいます。箸の持ち方もそうですね。持てない保育者が多いように思います。子どもにどう指導するんでしょう。

　電車のなかで化粧してないか休憩時間に聞いてみました。すると，「化粧していません，混んでいるときには……」（爆笑）。保育士のモラルの低下でしょうか。園の目標にもあるでしょう。しっかり食べる子，よく考える子，思いやりのある子を育てるって。職員もしっかり朝ごはん食べてきているんでしょうか？　食べてきていません（笑）。一日の栄養をお昼で補っています。保育園は給食でますから（爆笑）。50代の悩みです。価値観が違うのでしょうか。人間的にはみんな優しくて可愛くて，いい人なんですけどね。

子どもの成長を喜び合える仲間が必要

　ある園長に相談すると「保育士は職場で一人前に育てるのよ，あれやこれや期待しちゃダメよ！」と言われました。職員の意識改革をするにはどうしたらいいか，悩んでいます。どうすれば，自ら研修にいくように育てられるのか。保育のプロとは，一日の保育を反省し悩むことから始まると思うのです。そして，実践を高めるために学びます。自分のお金を使い自分の時間を使って学びます。調査でも職場外研修に参加している人は半分しかいないんです。垣内先生は「おーっ。けっこう出てるね」なんて気楽なことをいってますが（笑），44％の人が職場外研修に参加していないです。若い人で参加していない人が64.5％ですよ。参加した人が34％しかいないのです。プロが学ばなかったらプロでなくなってしまいます。

　それから，実践を高めるには一人だけじゃだめです。高めあう仲間集団が必要です。子どもの笑顔にあえるから，私たちはこの仕事をしています。

第Ⅰ部
保育者の労働実態と専門性

「子どもたちの笑顔を見たくないの？」というと「見たいです」と言います。その笑顔を子どもの成長をともに喜び合える仲間が大事ですね。何でも言い合える，仲間づくりがとても大事になると思います。一人一人が輝いて，その個人が尊重しあっている集団です。一人一人が自立していなければダメですよ。依存しあう，なあなあでない関係です。

　一人一人が自立していて自分自身を自主的に磨き感性を磨く。勉強だけじゃないです。山登りをしてもいいです。いい映画を見てもいいです。人間を磨く必要があります。自分の趣味もあって仲間と語り合える，そういった集団がいい集団ですよね。なかなか，そういう集団がつくれないという悩みがあります。刺激しあいながら共感しあう仲間関係，これが大きく保育の質を左右します。一人一人の豊かな人間性が保育の質をつくっている，影響していると思います。人間を育てる立場で奮闘しているところです。

　垣内　ありがとうございました。藤原さんはいつも厳しいことを言われますが励まされることが多いです。保育者の専門性をどう高めるかつっこんだお話でした。保育者の仕事って何かと言われてみると，あまりはっきりしませんね。裁量性が求められるからでしょうか。

　「園長はそういうけど，この子はこういう状態だからこうするしかない。もっと，こういうふうにしてあげたいと私は思いますが園長はどう思いますか」と言われないことまでも考えて仕事をする保育者を藤原さんは求めているのじゃないでしょうか。子どもは一人一人違いますから，言われたことしかできないのではまともな保育にならないわけです。そのことが今，争われています。営利化市場化のなかで「そんな余計なことをしなくていいですよ，とにかく園長の言われたことだけをやっていればいいですよ」と。事態はとても深刻です。

　言われないことまでやろうとしたプロ魂をもった保育者がいたからこそ，これまでの東京の保育が守られてきたといえるのではないでしょうか。子

どものことを考えると，やらずにいられない，言わずにいられない。ここが専門性のポイントの一つだと思います。そんな保育者をもっと大事にしてほしいものです。

　こうして年代別に保育者のお話しをお聞きするといろいろな思いがあふれてきます。フロアでは質問や意見をおっしゃりたい方がいっぱいおられると思います。いかがでしょうか。

6　参加者の意見から

本物の保育に出会い輝き続けられる保育者として
　20代保育士　自分も1年目は公立の臨時職員として働いて，2年目から5年目まで私立のちょっときつきつの保育園で正規で働きました。しかし，疑問を感じて辞めました。次の保育園で1年間，非常勤で働いたとき，子どもを包み込むような保育を知りました。これが本当の保育だなと感じました。そのときは保育士の経験は6年目でしたけれど，1年目のような気持ちでいろいろなことを教えてもらいました。その本物の1年間があったから，今，また，正規の保育士として働き続けているのだと思います。
　垣内　モデルになる保育とか保育者って大切ですね。山本さんいかがですか。
　山本　私も正規で5年，働いたところでは保育内容はすごくよかったです。ゼロ歳から5歳までの発達をきちんと抑えていないと，保育がつくっていけないというところでした。でも今だから言えますが，そのときは自分が辛いことも言えなかったし，言っちゃいけないと思っていました。それを口に出してしまうと「何で？　みんな同じよ」と言われるのが辛かったんです。辛いということが言える職場になることがまずは大事なのかなとも思います。
　こういう保育がしたいと思う職場に出会えることはとっても大事だと思

います。職場は辞めたいと思っても，保育の仕事は一度も辞めたいと思ったことはないですね。40代，50代の先生方のお話もうなずけるところがたくさんありますが，20代，30代の保育者の「辛い」「しんどい」「できない」ということをいっぱい受け止めてくれる環境も大事だと思います。

　垣内　辛いって言える職場は素敵だよね。

　40代保育士　40代の佐藤さんのお話を聞いて発言します。私が就職した年は結婚ラッシュで，先輩方が次々と結婚し仕事を続けるという下地ができはじめていました。自分が出産するときは，産休と育休をとることが当たり前というレールがひかれていて，まるまる1年間，産休と育休をとりました。そのおかげで，自分も次の人たちにも取らせてあげたいと思うようになり，そういう職場になっています。今は，自分の親を看る問題も起きています。

　40代になって振り返ると，がむしゃらに走り結婚し出産して育休をとった20代，お母さんたちと同年代になって，逆に親から慰められたり自分が子育てを教わったりした30代，そして40代の今は，やっと自分の子どもも大きくなって，小学校に上がったらこんな風に変わっていくよとか，自分の子どもを通して親に返してあげられるようになってきたと思います。保育者はある程度の経験も自分の子育ての経験も生きる仕事だと思います。

　30代男性保育士　保育経験はまだ4年目です。50代の藤原さんの話で，一人一人の保育者の人間性が，人の豊かさを育てるというところにすごく感銘をうけました。やっぱり，保育をするにあたって，いろいろな知識を持っていること，いろんな保育の見方ができることが，子どもたちを大きく豊かに育てていけると思いました。

　50代保育士　藤原さんのように伝えていかなければならない年代になったと思っています。実は，50代も燃えていますか？　という思いがあります。保育の仕事って，感動や喜びや輝きという感性がなくなったら，引退の時期だろうなと思っています。保育の仕事は流そうと思うといくらでも

流すことができるんですね。食べさせて，寝かせてみたいに。8時間のうちの1時間でも輝いていますかとね。そういう感性を50代まで持ち続けるのってたいへんなことですよね。

　どうしたらそれができるかといえば，学ぶことと自分自身を変え続けることだと思います。50代，60代の責任って大きいなと思います。自分を磨かなきゃいけないなと思いました。ありがとうございました。

7　まとめ──保育者として働いていてよかったと言えるように

　垣内　時間もそろそろ尽きてきました。最後にパネラーの方からフロアの意見にたいして一言お願いいたします。

　藤原　うちの職場は居心地がいいから，ぬるま湯に浸っているのかもしれません。出産も結婚ラッシュも続いています。でも，そのことに甘えているだけではいけないですね。私もいろいろと勉強させてもらいながら，質を高めるために後輩に伝えていきたいと思います。私も学びつづけます。

　大塚　すごく恵まれた環境で保育をしてきたと，みなさんの話を聞いて思いました。40代も負けないぞと思いました。

　佐藤　子育ても落ち着いてきたので，そろそろ外に出て学習をすることもしていこうと思います。自分で本を読んでいるだけでなく，いろいろな人と関わっていろいろな実践を聞くことや自分を磨いていくということが大事だなと今日の話で感じました。

　山本　保育者の仕事って何だろうと学習をしたときに，それは伝えあっていくことだよっていう話をみんなでしたことがあります。自分がどういうことを伝えていかなければいけないのか，保育者として素敵に年齢を重ねていきたいです。

　垣内　「調査報告書」で「仕事が嫌になることがありますか」という問

いに対して，「よくある」という人が8.1％，「ときどきある」が41.7％，これで50％です。「あまりない」が40.3％，「まったくない」が8.5％です。結構，保育者って，仕事が嫌になることがあるんですね。全国の標準的な実態はもっと「辞めたい」が多いのではないでしょうか。

　「保育の仕事を続けたいか」という質問に対しては，正規では47.2％，非正規職は62.4％です。正規のほうが「続けていきたい」という人が少ない。結構，悩んでいるようです。自分の子育ての問題や悩みもあると思いますが，生きがいがあるからやっていけるというような状態ではないということが読みとれます。

　昔もよくあった意見ですが，最近になって，保育なんてたいした仕事をしていないんだから低賃金の不安定雇用でいいんだ，3～4年で辞めてもかまわないんだという意見が勢いを増しているようにも感じます。私たちはこんなに頑張っているということも言わなきゃならないし，保育の仕事って3～4年で専門性が確立できるようなやわな仕事ではないんですね。

　保育者を大切にすることと子どもを大切にするということは，メダルの表裏だと思います。保育者を大事にすることなしに子どもたちを豊かに育てることができない，保育者を大事にすることなしに保育の質を高めることができないと思います。東京の保育がこれだけの水準を保ってこれたのは，多くの保育者たちが厳しい条件のなかで頑張ってきたからこそといえます。そのがんばりを下支えする制度や財政が必要です。

　精神主義的にがんばれがんばれ，というだけではいい保育はできないですね。愚痴を言うことがあってもいい。けれど仲間と語り合って，子どもたちに支えられながら，実践をがんばっていただきたいし，労働条件を維持改善するためにがんばっていただきたいです。必ず私たちの意見が理解される時が来ると思います。いまは状況はきわめて厳しいですが，めげずにもう一歩でも二歩でも前進していきたいですね。若い人はいろいろなことがあっても，40代，50代になって保育者をしてきて良かったと言えるよ

うになっていただくことを強く希望してシンポジウムを終わりたいと思います。ありがとうございました（拍手）。

　　　　（2006年10月20日東京都豊島区立目白第二区民集会室にて収録）

「もうダメ……」

「あー おもしろかった」

第Ⅱ部
保育の質と専門性・労働条件の関係

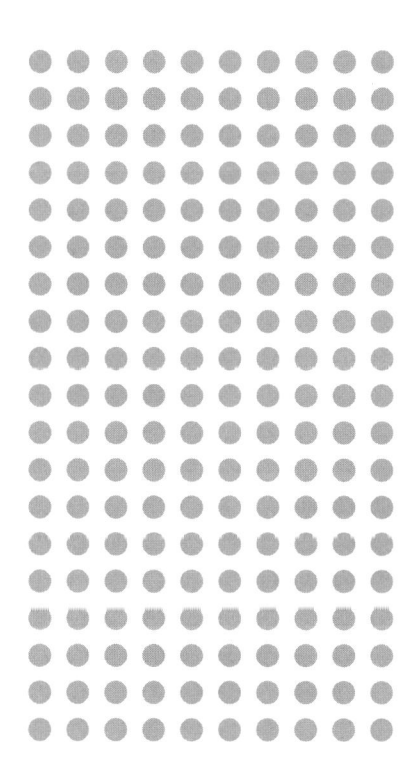

「しーっ！笑ったらみつかっちゃう！」

「きっとびっくりするぞー」

4章 子どもも大人も認められていると実感できる保育を考えるために

清水 玲子（東洋大学ライフデザイン学部教授）

　子どもと大人がわかりあいながら，楽しく新しいことを学んでほしい，友だちといっしょにいること，いっしょになにかすることを喜びと感じられるように育ってほしい，自分で考えて自分で決められるようになって欲しい，思いっきり夢中になってあそび，けんかもし，でも仲のよい，お互いを思いやれる子どもたちに育ってほしいと，おそらく保育者は誰もが思っていることでしょう。

　しかし，保育の日常は，必ずしもそう実感できるものではないのではないでしょうか。まじめに保育をしようとしていれば，子どもたちが示すさまざまな姿に悩むことも多いと思います。子どもは，いまの社会を反映していて，誰もがのびやかに尊重される社会でなく，個人の努力ではどうにもならない格差の構造のなかで，多くの子が，貧困への道すじの現実を見せ付けられ，不安を抱かざるを得ない家庭で育っているからです。

　いま，子どもも大人も自分が大事にされていると感じることができる暮らしをつくるために，保育園が果たす役割は大きいと言えます。

　保育園にそうした暮らしがつくれることは，そこに関わるすべての人を元気にし，社会の構造に飲み込まれないように励ましあうことにつながります。

　ここでは，保育園の保育のなかでこのことを実践していくことの大切さと，実践していくために大事と思うことを述べたいと思います。

第Ⅱ部
保育の質と専門性・労働条件の関係

1　子ども理解を徹底する

　子どもとどう関わったらよいかを考えるとき，子どもをよく理解することが大切です。子どもを理解するといっても，私たちが，あの子はこういう子だ，と思うことが必ずしもその子どもの実像とは限りません。子どもはいろいろな人や環境との関係のなかで，それまでとは違った姿を見せるものだからです。そして，関わる大人にとっては，自分との関係では見えていないその子を知ることが，明日の保育のヒントになってくるのです。こう書いてくると，子ども理解がとても難しいものであるし，気の遠くなることのように思えるかもしれません。ある意味ではそのとおりですが，でも，いま，わかろうとしていっしょうけんめい関わっていくことが大切だということなのだと思うのです。そして，子どもが，この人は自分をわかってくれる，またはわかろうとしてくれている，と実感できることが子ども理解にはとくに大切なのではないでしょうか。

　わからなかったら，とにかくその子と関わってみて，そこでつかんだ姿をみんなで話し合い，また関わっていきながらその子を理解していく……あきらめずに，粘り強く関わるなかで，子どもの理解がすすむだけでなく，関係そのものが深まっていくと思います。実践者としての子ども理解の醍醐味は，それを徹底していくことにあるのではないでしょうか。

　子ども理解を助けるために，ここでは3つの視点をあげておきたいと思います。

発達から理解する視点

　発達によって，子どもが把握している世界は違ってくる部分があります。目の前の子どもを発達の指標に合わせるということではなく，目の前の子どもを理解する助けとして，子どもから見える世界が発達によってどう変

化するのかを知っておくとわかることも多いかもしれません。

　例えば，目の前にみえていることだけでなく，見えていないことを覚えているのは，1歳になったばかりの子どもには難しく，逆に，1歳後半になると，目の前になくても，いつものバスをみにいきたいとか，さっき見たあのおもちゃがほしいとか，イメージができ，覚えていられるようになるので，主張の仕方や手ごわさが違ってきたりします。

　また，自分で選べる力をつけてきた2歳児は，なんでも自分で決めたい，自分で選びたいと思い，選択肢のない呼びかけには，「いや！」と即座に反応して，選べる自分を認めてほしいことを主張します。でも，そのときの課題（例えばパンツをはく，とかパジャマを着る，など）がほんとうにいやなわけではなかったりもします。そうした場合には，選べる状況を作ると（例えばパンツを2つ出してどっちをはく？　とか，パジャマを上着から着る？　それともズボンからにする？　と問いかけるなど）選択軸がずれていても選んでしまったりもするのです。

　こだわりは，3歳児頃になると，また少し内容がかわってくるようです。友だちと自分の権利が同じであることを少しずつわかってきて，ルールを守ろうとするようになります。けれど，それは自分の要求とぶつかることも多く，そこで自分で折り合いを付けるために，いろいろな助けを必要とします。例えば朝，親と保育園で別れるとき，別れの「儀式」（握手でバイバイするとか，ぎゅっと抱きしめてもらうとか，手を振るとか）を支えにして気持ちを切り替えたりするのです。ですから，とても聞き分けがよいと思えるときもありますが，たまたまその「儀式」を省略してしまうと，驚くほど怒ったり泣いたり，という姿をみせます。また，順番を守ることがわかっていても守れないときなど，悪いと自分でも少しわかっているためによけいに意地になってしまう姿なども見られます。

　これは，4歳を過ぎるようになると，さらに，自分のなかで「やってはいけない」と思ってがまんしていたのに友だちをたたいて泣かせてしまっ

たりしたとき，自分でも悪いとわかっている部分と，でもくやしかったんだ，という気持ちがまぜこぜになって，素直にあやまれなかったり，という姿になっていきます。

このように，たとえば2歳児が友だちからおもちゃをとってしまうのと，4歳児がとってしまうという一見同じような行動についても，発達的にみて，その中味がどう違うのかということを考えることで，子ども理解を深めていきたいというのが，この第1の視点です。

子どものおかれた状況から理解する視点
　子どもは，発達からくる姿だけではなく，おかれた状態によって，いろいろな姿をあらわします。よく言われる例では下に赤ちゃんができると上の子が不安定になったり，できることをやらなくなったり，おもらしがでたりするといった姿です。

　どんな子どももそれぞれ固有の環境で育っています。それぞれの子がその意味ではその子独自の「おかれた環境」を持っており，その影響を強く受けて育っていきます。保育園や幼稚園の先生は，よく，子どもをみていると，家庭でなにかあった？　などとわかると言いますが，そうした環境は，日々，子どもに反映されているのです。また，保育園や幼稚園も，大切な環境の一つであり，園での生活のなかにも，子どもに影響を及ぼすものはたくさんあるでしょう。

　子どもの表情が生き生きしていないけれど，身体の具合が悪いわけではなさそうだったり，小さいときからずっと保育者に甘えられなかったり，友だちのいやがることばかりやっていたり，すぐに怒って人にもモノにも当たってしまったり，いつもなんだかおどおどしていたり……。挙げればきりがないのですが，その子どもが楽しくてたまらないという気持ちで生活できていないことを見出したとき，私たちは心配になります。

　そうした姿がなにによって引き起こされているのかは簡単にはわからな

いこともあります。でも、そうした行動でその子が表している思いは何なのかをわかろうとする姿勢が必要です。それぞれの家庭の事情だけではなく、保育園の大人とのかかわりや子ども同士の関係がその原因になっていることもあるでしょう（もちろん、家庭に対してもなんらかのフォローができることもあるので、知ることができればありがたいですが）。

　すぐに原因がわからなくても、なにかこの子はずっと甘えられなくて寂しいんだな、とか、自分が認められているかが不安なんだな、もっと自分をみてほしいと思っているんだな、など、荒々しかったり、とてもがんばって良い子にしようとしていたり、逆にあまり反応を示さないように見える姿から、子どもの気持ちをキャッチしていく必要があると思います。

　行為だけに着目してしまうと、そんなに大きくなったのに、「抱っこして」なんておかしいとか、いけないことをして謝れないのは間違っている、といった認識から、やったことを叱ったり、注意したりすることで済ませてしまう可能性があります。子どもは、そうした行為でしか発信できなかった思いを封じられて、ますますつらくなっていってしまうでしょう。そしてますます大人を困らせること、怒らせることを繰り返しては叱られ、大人も困り果て、子どもは、どうせ自分は悪い子で、大人に嫌われていると思ってしまう、という悪循環に陥ってしまうかもしれません。

　いけないとわかっていてもやってしまう、ということは、もっと大きくなっても、大人になってもときにはあることですから、幼児期の子どもたちがついやってしまうことはよくあると思います。ときには、そこにわかってほしい切実なメッセージがあるのだということを、私たち大人は子どもを理解するうえで認識している必要があるのではないでしょうか。

子どもの気質から理解する視点

　3つめの視点は、子どもの気質です。子どもには、さまざまなタイプが

あります。

　例えば，生まれたばかりのときから大きな声で泣いて，ぐいぐいおっぱいを飲んで，ぐっすり眠るといった赤ちゃんと，ぐずぐず泣いて，ちょっとおっぱいを飲んではうつらうつら眠り，すぐ目をさましてはまた泣く，といった赤ちゃんとがいます。これは，たいていは育て方のせいではなく，赤ちゃんの気質です。第三者から見ると，神経質に育てているから子どももそうなると思われがちですが，気むずかしい赤ちゃんを育てるときには，世話をする大人も神経質にならざるをえないのです。

　幼児期でも，おとなしい子もいるし，活発な子もいます。同じ一人の子がおだやかになったり激しく怒ったりするということはもちろんありますし，それこそ置かれた状況によって驚くほど表情が変わったりします。ですから，すぐにあの子はそういうタイプだと思ってしまうのもよくないのですが，逆に，例えばおとなしいことを心配して，活発になるようにがんばらせようとしてしまうということが，その子の気質を考えたときに無理な要求なのかもしれないのです。

　気質の問題と，その子がどういう人間に育っていくかということは，別の問題ですが，目の前の子どもとのかかわりのなかで，その子を理解していくときの視点として挙げておきたいと思います。

2　子ども理解と保育実践

　ここでは，保育実践のなかでの子ども理解を事例を挙げながら考えます。

ものすごく困らせることはないけれどよくつかめない子

　子どもの姿をクラスなどで話し合っていくと，たいてい，友だちとすぐトラブルになったり，生活の基本的なところで誰もが気に掛かっていたりする子どものことが中心になります。それは困っているので当然とも言え

るのですが，話題にならない子どもたちのなかにも，ていねいにみていくと，気持ちがよくつかめていない，という子どもがクラスにはたいていいると思います。

事例1 3歳児クラスのGちゃんは，いつもなんとなくフラフラしているところがあり，他のクラスに行ってみたり，夕方のお迎えの時間など，よくお迎えに来た他のクラスの子どものお母さんやお父さんに抱っこしてもらったりしています。あそびには，たいてい「いれてー」と入ってくるのですが，少しして気が付くと抜けていることが多く，一人であそんでいたりする姿も見かけます。食事もとにかくおなかに入ればよいという感じでさっさと食べられるものを食べて席を立ってしまう毎日でした。

担任の先生は，気にはしていましたが，そのクラスには手を掛けて欲しいとからだごと訴えてくる子どもが何人もいたこともあって，Gちゃんについてはじっくり話し合ってはいませんでした。

ある日，3歳児クラスと4歳児クラスがいっしょにあそんだとき，4歳児クラスの担任の先生と追いかけっこをする子どもたちに混じって，本当に楽しそうにずうっとあそんでいるGちゃんの姿を担任の先生は目撃して驚きます。そして，思い返せばGちゃんとそんなふうにあそんでいなかったことを反省し，さっそく次の日，Gちゃんをさそって何人かの子どもたちと追いかけっこをしてみるのです。

そこで，担任の先生は，Gちゃんが先生につかまえられて，後ろからぎゅうっと抱きしめてもらうのをとても喜ぶことを見出します。その後，Gちゃんは先生に，追いかけっこしよう，と言ってくるようになりました。

このことを園の話し合いに出したことで，他の保育者もGちゃんについて，ちょっと気をつけて見ていこうと確認することができました。

きついことばを言ったり，すぐにたたいたりし，いくら注意してもかわらない子

このような姿を見せる子どもはどこの保育園にもいると思います。たたかれたりした友だちのことを考えると，いけないことはいけない，と注意するのは必要で当然，と思いながらも，それが，その子の気持ちにちっとも届いていないこともわかり，どうしたものかと悩むことは多いのではないでしょうか。どうして，そんなに荒々しくなるのか，本当はもっと大人にゆったり甘えたいのに甘えられないのだということも，いちおうわかっているつもりなのに，どうしても注意するとき，保育者もきつくなってしまい，それに呼応するように，子どももますます荒々しくなってしまう，といった場合です。事例で見ていきます。

事例2　友だちとすぐトラブルになり，大人が仲裁に入ろうとすると大人にも「お前には関係ねーんだよ」「うっせーんだよ」ときつい目つきで言ったりする4歳のMくん。クラスでの集まりのときにも集まらないで一人輪から離れていたり，あそびにも加わらなかったりして，いらいらして気持ちが安定できていないのがわかります。

家庭で十分に世話ができていない状態がだいたいわかっており，保育園の先生たちはなんとかおだやかになれるように関わろうとはしているのですが，その表し方のはげしさ，きつさに，どうしても注意するような言葉をいってしまったりするのでした。そして，そのたびにMくんはますますふてくされたような態度になってしまっていました。

職員会議で，担任からMくんについての悩みが出され，怒られてばかりの毎日にならないよう，Mくんが楽しいと思える時間を少しでも作っていこうと話し合いました。

そして，担任の先生が意識的にあそびにさそったりしていくなかで，Mくんは「おおかみごっこ」が大好きになっていきます。これは，おおかみ（保育者）がMくんを追いかけて捕まえ，くすぐったりするものですが，

朝,繰り返し楽しんだ日の午後のおやつのとき,「食べ終わったら,またおおかみごっこしよう」とMくんから担任の先生をさそってきたそうです。そんなことはこれまでほとんどなかったので,担任はびっくりしたといいます。

　まだまだ穏やかな気持ちで毎日過ごすとはいえず,気持ちにも波がありますが,もっとていねいに関わっていけば,Mくんにもきっとプラスになるという手応えを保育者たちは感じています。

　もっと甘えたいのだとはわかっているけれど,どこまでこたえればよいか悩む
　子どもたちは,大人に甘えることで心から安心したいと思っています。そして,園で,保育者にその気持ちを強く出す子どもは,年齢を問わず多いのではないでしょうか。
　「抱っこ」を始終求めてくる子どもや,いつも担任の保育士のそばにくっついていて,離れない子,寝るときにあの先生が来るまではぜったい寝ないとがんばっている子ども,など,その姿はさまざまな場面でみられます。
　甘えを満たしてあげたいという思いと,人手が足りなくて応じきれないという現実と,子どもの成長にとって,そうした要求に応じてしまってよいのか,という迷いとが保育している大人の側に交錯することも多いのではないかと思います。担任の保育者のそうした迷いについて,事例で考えます。
　事例3　2歳児クラスのYちゃんは担任のS先生が大好きで,いつもくっついていたいし,抱っこやおんぶもしてほしいようです。食事も着替えもトイレももちろん寝るときも,S先生でないとやだ！　とごねて,他の保育者を拒否します。自分でできる着替えも,S先生に「やって」と訴えてやってくれるまでがんばります。

第Ⅱ部　保育の質と専門性・労働条件の関係

　でも、S先生がお休みの日はしゃきっとして、自分でできることも多いし、他の保育者を拒否したりもしません。そのことを聞いたS先生は、自分が甘えさせるからYちゃんは本当はできる力があるのにその力が発揮できないのではないだろうか、と悩んでしまいました。そして、YちゃんがS先生を求めてきたときに、心から「いいよ」と受け入れられなくなったのです。

　クラスの他の保育者たちは、いまは、YちゃんはS先生が必要なのだから、受け入れてあげていいのではないか、と言ってくれるのですが、S先生のほうが、それでいいのだろうか、と迷っていました。

　そのことを保育の話し合いに出して、職員みんなで話し合ったとき、S先生が、迷いながら抱っこしたりしていることで、Yちゃんはいくら抱っこされても心から安心できていないのではないだろうか、ということと同時に、YちゃんとS先生は楽しくあそべているのだろうか、ということが話題になりました。Yちゃんがあそんでいるときは、S先生は、このときぐらいはと他の子と関わったり、他の仕事をしなくちゃ、とYちゃんとは離れています。考えてみると、Yちゃんが甘えたくなって、べそをかいたりしながらS先生を求めたりするときだけ、S先生はYちゃんと関わっていたのです。

　明日は、登園してきたYちゃんに、S先生のほうから、さあ、一緒になにしてあそぼうか、と、声をかけてみたらどうだろうか、ということになりました。大好きなS先生と楽しくたっぷりあそぶことで、もしかしたらYちゃんはとても安心でき、楽しくなれるのではないか、というのがその話し合いでみんなで一緒に悩んだ末に考えついたことでした。

　S先生は翌日からさっそくこのことを実践してみます。そして、驚くほどYちゃんが落ち着いて、ごねごねするのが減っていくのを目の当たりにして驚きます。

　みんなに相談して、一緒に手だてを考えてもらったことで、Yちゃんに

対するS先生の気持ちがおだやかになれたことも影響していると思いますが，大好きな人との楽しい時間を積極的に作ることで，Yちゃんが満たされていったことも大きな要因だと言えるでしょう。

　以上，子ども理解を深めていくプロセスを，保育実践の事例で考えてみました。どの事例も，もっと子どものことをわかろう，もっと子どもが安心して，身も心も大人たちに委ね，くったくなく笑う顔がみたい，と願って保育者はがんばっています。それでもなかなか子どもがわからなかったり，どうして！　と思ってしまったりするのです。そこで悩むのは，まじめに子どものことを大切にしたいと考えているからこそなのだと，あらためて思いました。

3　保育者も安心して保育できるために

職場の人間関係の悩み

　前述した事例は，どれも，どこの保育園でもある事例だと思います。でも，これらの事例は，園はちがうのですが，保育の話し合いが，担任の保育者の悩みを大切にし，明日の保育の手だてを見いだすために力になっている点で共通しており，そこがこんなふうに話せないという別の人たちの悩みに対する問題提起にもなっているのです。

　この本で述べられているように，アンケートで東京の保育者たちがもっとも悩んでいる割合の数字が高いのは，職員同士の人間関係だったという結果がでています。

　いっしょうけんめい保育をしていれば，今の時代を背負っている子どものことや親のことで悩みがたくさんでてくるのは当然かもしれません。そして，それらは，簡単には解決しないことも多いでしょう。でも，その保育園の職員としての悩みを子どもも親も大切にする方向で努力し続けるた

第Ⅱ部
保育の質と専門性・労働条件の関係

めには，どうしても職員集団の連帯が必要なのです。

　そんなことはわかっているとどの人も思われることでしょう。わかっていても，はまってしまったら，それを力にすることはほんとうに難しいのが，職場の人間関係なのでしょう。

　前述の事例でも，それぞれの子どもととことんつきあうには，他の職員たちの助けが必要です。他の職員が，あの子とばかり関わっていたら（とはいっても，ほんとうに一日中その子とだけ関わることなんてできないわけですが）他の子がかわいそう，とか，他の職員が大変になるから困る，とか，本人のためにもよくないのに，などと思っていたら，担任の先生の悩みはもっと違うものになっていくかもしれません。

　子どもが特定の保育者を慕うこと自体が他の保育者との関係を悪くする例もあり，その渦中にいると，これ以上，私に甘えてこないで！　と心のなかで思ってしまう若い保育者もいます。

　また，子どもの気持ちをいっしょうけんめい汲もうとして関わっていると，あの人は子どもを甘やかしている，と思う同僚がいたりもします。関係が悪くなってしまうと，すべてが悪く思えてしまうことも多く，その渦中に入ってしまうと個人的な感情のもつれがそのまま保育に出てしまったりもするのです。

人間関係の悩みを保育の課題に

　では，どうしたらよいのでしょうか。保育を誠実に行おうとする仲間としての信頼関係は，子どもについて語り，保育についての自分の思いを率直にだすことでしか築けないのではないかと思うのです。人との信頼関係は，その人との関係ばかり見つめていてもできるものではないと思います。子どものこと，保育のことを語り合い，実践してみてまた語り合い，そのうちにわかり合えることが少しずつ多くなっていく……夢中になって保育をしていくなかで，結果として信頼関係ができてくるのではないでしょ

か。

　それでも，ここに書いたように，保育者たちの悩みは深刻です。気持ちよく保育ができなくても，そこから逃げるわけにもいきません。ただがんばっていると，苦しくて病気になってしまうかもしれません。

　渦中にはまったら，どんな人でも自分だけでは解決できないと思います。それは，自分自身をみてもそう思うのです。そんなときは，渦中のすぐ外にいる人に問題を整理してもらうよう助けを求めることかなと思います。

　職場での人間関係のトラブルは，ていねいにときほぐしていくと，保育の問題として整理できるものがそのなかに必ずみつかると思います。それは例えば，先に述べたような子どもの捉え方の違いだったりします。それを見つけて職場で白黒をつけるのでなく，自分の思いも含めて整理して一時棚上げし，子どもの姿をていねいに見つめ直しながら保育をし，みんなで少しずつ考えていけばいいのです。

　このとき，近くにいる第三者が，保育のこととして整理するのでなく，人間関係の問題として関わってしまうと，問題は広がるばかりになってしまいます。職場のあり方として，子どものこと，保育のことを中心に据えることを明確にして関わっていけるとよいですね。

　時間がなくても，どんなチャンスでもとらえて子どもの話をしていくことです。たいへんでも，うまくいかなくても，とにかく職場の仲間に投げかけていっしょに考えてもらえば保育の手だてが一つは見つかるかもしれない。そう思えるようになると，子どもだけでなく，職員も安心して保育ができるようになるでしょう。その安心感が，子どもにも親にも伝わってプラスの力になっていくことは間違いありません。

！！！

「あれ？！」

?!

「先生が消えちゃった？？」

?!

5章 時代が求める保育実践の質と保育者の実践力量

加藤　繁美（山梨大学教育人間科学部教授）

1 「保育する専門家」の専門性を科学する

　小さな乳幼児を対象に保育する保育者は，当然のことながら保育の専門家です。

　もちろんそれは，幼稚園教諭免許状や保育士資格を持っているから専門家だという単純なものではありません。免許状や資格といったライセンスは，保育の社会的責任を保障するための必要条件にすぎず，それは専門家として十分条件を満たすものではないからです。

　例えば，免許状や資格を持っていなくても，世の中には保育者より子どもの扱いが巧みであったり，適切なかかわりができる人が，実はけっこうたくさんいるものなのです。あるいはその反対に，免許状や資格を持っていても，この人が保育をやっていてよいのだろうかと思わず首を傾げてしまいたくなる，そんな人がいるのも事実です。

　しかしながらそれでは，いったい何を持って「専門性の高い保育者」と評価することができるのかと改めて問われると，これがよくわからないのです。ある子どもにとって適切なかかわりだといえることが，他の子どもには不適切なかかわりになってしまうことだってありますし，どんなことにも失敗しない完璧な保育者が，子どもにとって居心地よい保育者というわけでもありません。ピアノは弾けた方がいいけれど，ピアノで子どもを

第Ⅱ部
保育の質と専門性・労働条件の関係

動かすようになってしまえば，技術を持っているだけ罪が重いことになります。

　と，こんな感じで，保育者の専門性に関しては，考えれば考えるほどわからなくなってしまうのですが，こうした保育者の専門性のわかりにくさは，当の保育者の意識にも現われています。

　例えば今回の「保育者の労働環境と専門性に関する調査」(2005年)（以下，本調査）でも，「保育の仕事は専門性の高い仕事だと思いますか」という質問に，「そう思う」と答えた人が76％いるのに対して，「あなたの保育実践は評価されていると思いますか」という問いに「評価されている」と答えた人は1.9％しかいません。「それなりに評価されている」という回答を加えても27％にすぎないのです。

　ここには，保育実践を客観的に評価することの難しさが表現されているのですが，それと同時にその背後に，保育者自身が自分の実践を評価する明確な指標をもち得ていない事実が存在している点が重要です。つまり，自ら「高い」と考えている「専門性」の中身について，保育者自身が明確に説明することができないでいるから，いったい自分の実践のどの部分を，どのように評価して欲しいのか語ることができないでいる現実を，この調査結果は如実に表現しているのです。

　なぜなら，ここに見られる自己評価のズレは，保育者自身が実践の意味を語る過程で埋めていくしかないのですから。つまり，保育者自身が自らの専門性を高めあいながら，それを語る言語を発信していくことを通してしか，保育者に求められている「高い専門性」の中身に対する認識を広げていくことはできないのです。

　しかしながら，実際にはこれが難しいのです。そこで本章では，その難しさの内実を読み解いていくことを中心に，現代社会が要求する保育者の専門性とは何かという問題に迫っていくことにしましょう。

2 おもしろくなければ保育ではない

　保育者の専門性を考える時，これを客観的に計る基準がどこを探しても見あたらない点に，最大の難しさがあるといって間違いありません。つまり，保育実践の質を計る基準は極めて主観的で，個人的なのです。
　仕事柄いろいろな保育者の実践場面をみせてもらったり，実践記録を読ませてもらったりする機会がけっこうあるのですが，聞いていてワクワクする実践と，「何か違うな」と思いながら見たり聞いたりする実践と，はっきり分かれてきます。問題はそうして実践を評価する視点のなかに，自分自身の「好き・嫌い」といったレベルの価値観が，けっこう入り込んでしまう点にあります。
　例えば私自身に関して言えば，昔から緻密な「計画」を立てて行動することは苦手な性質で，どちらかといえばあてもなく行動しながら，偶然出くわしたあれこれをおもしろがって生きる方が好きなたちです。
　したがって，乳幼児を対象とした保育実践について考える場合でも，あらかじめ立てられた「保育計画」に基づいて，意図的・組織的・計画的に展開された実践の話など，正直言って聞いているだけで，居心地の悪さを感じてしまいます。実践を語る保育者には申しわけない話なのですが，それも事実だからしかたありません。
　何といっても，保育者の「ひらめき」が感じられない保育実践など，当の保育者だっておもしろくないに違いないでしょう。いやそれよりも，肝心の子どもたちがおもしろくないにきまっています。子どもたちは，ドキドキするようなおもしろさを求めて幼稚園・保育所に通ってきている存在なのですから……。
　つまり保育実践は，子どもにとっても，保育者にとっても，おもしろくなければ意味がないのです。そしてそれ故，「おもしろさ」を求めて活動

する子どもの思いと，子どもの「おもしろさ」を発展させようとする保育者の思いが絡み合った，そんな保育実践の話を聞いていると，今度は聞いているだけで楽しくなってくるのです。

　例えば，次に紹介するのは山口さんという男性保育者の実践ですが，彼の書く「クラス便り」の端々に現われる「いいかげんさ」が，何ともいえない「心地良さ」として伝わってくるから不思議です。

　　5月26日その日は，これがまた天気の良い日で絶好のお散歩日和でした。子どもたちも散歩に行きたいというので，久しぶりにお城の公園でも行ってアスレチックでおもいきり遊ぼうと思い，出かけることにしました。でも，いざ出発する時，ふと山口の頭をよぎったのはあの牛ガエルのこと。お城の公園は恐竜の池のすぐそばなので，それでもちょっと寄っていこうかと，雄平君のでかい網を持って出かけたのでした。

　天気が良くて，子どもが行きたいと言ったという，ただそれだけの理由で散歩に出かける「気楽さ」もいいのですが，散歩先の近くに牛ガエルが住んでいるからという，これまたそれだけの理由で大きな網を持って牛ガエルを捕まえにいこうと思いつく，この「ひらめき」の「気軽さ」をいったいどう考えれば良いのでしょうか。いやそれよりも，この実践は「保育計画」のなかでどう位置づけられ，どういった意味づけの下，組織されていると考えればいいのでしょうか……。

　もっとも当の実践は，そんな私の「真面目な」問いなどどこかに吹っ飛ばしてしまう雰囲気で展開していきます。そう，まさに「計画性」より「きまぐれ」（偶然性）を基本に，子どもとの間に作り出される「おもしろさ」のみ追求する感覚で……。

　　さてこの坂道を下れば恐竜の池という場所に来て，子どもたちを集め，再度「今度はぜったい大きな声を出さないこと！」と厳重に注意。「ウン，ウン」とうなずく彰吾くんと寛人くん（前回，大声を出した

二人)。そしてゆっくりと,下りていきました。ゆっくりと下りていこうと思ったら,子どもたちがどんどん駆け足になるので,先にいかれてはマズイと,山口もだんだん駆け足になって,結局思いきり競争していました。(笑)

このように保育者というより,むしろガキ大将という感じで実践は展開していくのですが,それでもこの記録を読んでいると,ドキドキするような子どもたちの息遣いが聞こえてくるから不思議です。そして私は,そんな形で流れていく大人と子どもの時間の進み方に,「これだから保育はおもしろい」と,思わず頬がゆるんでしまうのです。

何といってもおもしろいのは,見事に牛ガエルを捕まえた後,そのカエルを持って園まで帰る山口さんと子どもたちの姿です。山口さんが綴る「クラス便り」は,このあたりの状況を次のような言葉で表現しています。

　「ヤッタ！　ヤッタ！　ヤッタ！　ヤッタ！」と大合唱！　みんな大興奮です。その輪に山口も入って,みんなで何度も飛び上がって「ヤッタ！　ヤッタ！」と大喜びしました。

　みんなおそらく,生まれて初めて触る牛ガエルです。網の中の牛ガエルを見て,「デケー！」と言った圭佑くん,智くん。牛ガエルを触って「気持ちワル」と言った穂乃佳ちゃん,小夏ちゃん。カエルを見て「気持チイイ」と言った勇太くん,克至くん。

　とにかく,とにかく,早く園に持って帰って,みんなに見せよう。

　ケースも何も持ってきていなかったので,カエルはそのまま網の中。山口が逃げないように網の部分をクルッと一回転させて肩にかついで帰ります。その後ろに続く子どもたち。帰る途中,遊歩道で出会う人はみんな網の中を見てギョッとした顔をしていました。そのことがちょっと得意だったりしました。

最後の,「ちょっと得意」げに歩いている山口さんと子どもたちの表情が,まさに目の前に浮かんでくるような場面なのですが,それにしてもこ

うやって展開される一連の保育実践は、いったいどのような保育実践論で説明し、一般化すればいいのでしょうか。あるいはこの実践の展開過程において、「計画」と「実践」の関係はいったいどのように整理されているのでしょうか。

　という感じで保育研究者としての私は、こうして語られる保育実践の報告をおもしろく聞かせてもらう一方で、それを保育実践論としてどう整理していけばいいのか、思わず考えてしまうのですが、実はこれが意外と難しいのです。

　例えばこの牛ガエル捕りの実践は、いったいどのような保育目標に基づいて展開されているのかと考えた時、ぴったりする言葉がどうしても見あたりません。

　あるいはこの実践が、いったいどのような「計画」に基づいて展開され、その教育的意味はどのように評価されることになるのだろうと考えても、やはりこれに対して明確な言葉を見つけ出すことができないのです。第一、牛ガエル捕りは山口さんの子どものころの原体験を基に、まさに「思いつき」から始められたわけであり、これはどう考えても計画的な実践とは考えられない……。

3　親との対応に苦悩の声を上げる保育者たち

保育者の関心はまず安全？

　もっとも、実際の山口さんの記録は、私のなかに生起するこうした理屈っぽい議論など吹き飛ばしてしまうくらい自信に満ちていて、実践のブレを微塵も感じさせない雰囲気で展開されていくのです。それはおそらく、保育実践のなかに現れる、子どもたちの喜々とした表情がその背後に存在しているからに違いありません。実践家ならではの、確信と自信なのでしょう。

そして私自身は，そうした実践家の確信と自信に満ちた記録を読んだり聞いたりしているうちに，「毎日が楽しいのなら，もう理屈なんかどうでもいいではないか」などと思ったりしてしまうのですが，どうも問題はそれほど単純ではない感じなのです。
　例えば，先の山口さんの実践報告を聞いたとき，最初にフロアから出された質問は，次のようなものでした。
　　「楽しそうな実践ですが，天気が良くって，子どもたちが散歩に行きたいという理由だけで，その日の保育を決めていいんですか？」
　　「お城の公園にある池に，牛ガエル捕りに何度も出かけていますが，そんな時，園長先生は何にも言わないのですか？」
　　「先生の園の，散歩に行くときの届け出用紙とか，安全管理マニュアルはどうなっているんですか？」
　質問者に悪意がないことは重々承知のうえですが，次々と出されるこうした質問を聞いていて，実践の意味とは別の方向に保育者たちの関心が向いてしまうこの現実を，いったいどう考えたらいいのか，思わず考え込んでしまったことを覚えています。子どもたちのなかに生起する「おもしろさ」を保育実践のなかで発展させることよりも，保育者たちの関心は，まず安全のことに向けられているのです。
　誤解してはいけませんが，園児の安全がどうなってもいいなどと言っているのではありません。さまざまな事件や事故が起きてしまうこの時代，安全管理に配慮しない保育実践は，やはり否定されなければなりません。
　しかしながらそれにしても，子どもたちが成長していくために必要なことは何なのかといった問題に，まず自分の興味・関心が向いていくのが専門家としての保育者の普通の姿ではなかったのでしょうか。そしてそんな保育実践が広がっていくことを，何よりも喜びに感じるのが，保育者という職業ではなかったのではないでしょうか。
　ところが，このように保育実践を楽しみ，子どもの成長を喜び合う雰囲

気が保育現場から急速に減少していき，いま保育現場は，何か息苦しい空気に覆われかけている感じがして仕方ありません。

身勝手な要求を繰り返す親

とくにそうした中，保育者たちが最近難しくなったと口をそろえて語るのが，子育てのパートナーであるはずの親たちとの関係です。親たちのためを考えてさまざまな努力を重ねているのに，親たちは感謝の気持ちを表すどころか，身勝手な要求を繰り返すばかりなのだといいます。ある保育園の園長先生が書いた手記の一部です。

　　年長児の母親の例ですが，夏祭りの前日に，「明日の夏祭りには浴衣を着せたいけれどもいいか」と急な申し入れがありました。理由は，「本人も着たいと言っているし，保育園の最後の思い出なので，親としても着せたい」ということでした。

　　園では，年長児たちが夏祭りの時に太鼓をたたくことになっていて，クラス全員でハッピを作って張り切って練習しているところでした。そこで，「今日はもう夏祭り前日で，他の親たちに連絡を取ることができないし，女児全員が浴衣を着たいというかわからないので，今回は遠慮してほしい」と伝えると，「A子ちゃんとBだけでいいんです」と切り返されてしまいました。

　　この親とは，ビデオ撮影をめぐってもトラブルがあり，とにかく自分勝手な要求に振り回された1年でした。

もちろんこの親の出してきた要求を，単純に「自分勝手な要求」と片付けるべきではないのかもしれませんが，とにかくこんな感じで自分のことしか考えない親たちの態度に，保育者たちは日々振り回されている感じなのだというのです。

　　髪の毛を腰の辺りまで伸ばしているY子は，頭につけてきたヘアピンが1本足りないだけで，もう大騒ぎです。美容師経験のあるお母さ

んは，毎日Ｙ子の髪の毛を巧みに結って登園させるのですが，遊んで乱れてしまう髪を結い直す大変さに，保育者が悲鳴を上げる毎日です。

　迎えの時に，日中何度も結い直す大変さを伝えたところ，見つからなかった１本のピンのおかげで大騒動。後日，Ｙ子は外遊びを禁止させられ，プールも麦わら帽子と長袖のＴシャツを許可してもらえないなら入れさせないと申し出が……。理由は紫外線に弱いからということだったのですが，園としても紫外線の学習会をし，長袖のＴシャツだけは許可しました。

　こんな対応を議論しているなか，保育者たちからは「どうせ七五三のためじゃない？」といった声が上がったりしていたのですが，しばらくしてＹ子の歯が抜けると，本当に七五三は来年に延期され，髪の毛は切られ，外遊びもプール遊びも許可されたのです。

　話は変わりますが，この母親，飼ってはいけないマンションで犬を飼い，苦情が出たから鳴かないための手術をしたといいます。何か寒気のようなものを感じます。昔ならそれは違うと言えたけど，今はそれを言っちゃあおしまいなんですよね。

これもまた東京都内の保育園で園長を務めるＩさんが書いてくれた手記の一部です。園長や保育者たちと話していると，とにかくこんな話が次から次に出てくるのです。そして保育者たちは，こんな親たちへの対応に，ほとほと疲れ果てている感じなのです。

　いや，親との対応という点では，親自身が抱える苦悩や，夫婦間の問題が，園に持ち込まれることもあるといいます。

　　母親と父親の子育て方針が百八十度違うという相談を受けました。その後，母親は二人の子どもをつれて実家に帰り，実家から子どもたちを送り迎えするようになったのですが，その後，父親がやってきて，「明日からは長男は自分が送迎するので，母親には渡さないで欲しい」と申し入れがあり，園としても了解したと伝えました。

しかしながら母親との間で話がついておらず，母親は母親で「どうしたらよいでしょう」と泣いて訴えてきたのです。その後，突然祖父母が園にやってきたりと，両親の関係に振り回されて大変でした。

「共育て」と「利用者主権」との間で

　たしかにこうした事例も含めて，園がいったいどこまで関与したらいいのかわからない事例が増えているのは事実です。実際にこの事例でも，母親の両親が園に来たことを父親に伝えなかったことが原因で，父親は園の対応の悪さを「苦情」として役所に持ち込んだそうです。そしてこうしたなか，この園の園長も保育者も，とにかく親とのトラブルがないことだけを祈る，そんな日々が続いているのだといいます。

　1990年代に入る頃から，「利用者主権」という言葉とともに保育制度改革が進められ，その結果，「情報公開」「苦情処理」「第三者評価」「運営管理マニュアルの作成」といったシステムが整備されてきました。保育園を利用する親たちにしてみれば，要求や苦情があれば園に直接持ち込まないで，役所を通して改善できる気楽さもあって，確かに歓迎されているむきもありますが，保育者にしてみればこうした「市場」のルールで保育園のあり方が語られることには，やはり違和感を感じないではいられない雰囲気なのです。保育園は，親と保育者が信頼関係を築きながら子どもを守っていく場であり，それは単なる「利用施設」であってはいけないのだと……。

　たしかに，かつて親と保育者がぶつかり合いながらも協力と共同の関係を作り出してきた「共育て」の空気は影をひそめ，とにかく親とのトラブルを避け，問題が起きない保育実践を選択する，そんな雰囲気が保育園を支配しつつある感じなのです。

4 「気になる子ども」に苦悩の声を上げる保育者たち

　いや、問題は親との関係にとどまってはいるわけではありません。親子関係の変化をはじめとした子育て環境の変化は、子どもの成長・発達の姿にも確実に影響を与え始めていて、それが集団保育の困難を引き起こしている現実があります。

　例えば、年長クラスが集団としてまとまらないというクラスの様子を、一人の保育者が語ってくれたことがあります。その保育者は、問題の中心にいつも、集団行動が苦手で、クラスのトラブルメーカーとでもいうべきU君の存在があると言うのです。そしてそのU君は、父親からの虐待を受けながら大きくなってきたのだといいます。

　　父親の暴力的な行為が続き、半年前に母親は離婚を決意して、現在は父親とは別居中です。6歳離れた中学一年生のお兄ちゃんもかなり暴力的な行為が出ていて、父親と別れた後は、今度はお兄ちゃんがU君に暴力を振るっている感じです。

　　園では、「こんなことで」と思うような些細なことですぐにキレて、ものを壊したり、投げたり、人にあたったりします。身体も大きく（27Kg）、友だちを蹴っては泣かし、保育者の髪を引っ張ったり、頭突きをしたり、パンチをしたりと、とにかく目が離せない状態です。とにかくこんな時は、とめて抑えるしかないのですが、そうすると「俺を階段に連れて行け！　飛び降りて骨を折るから。全部の骨を折って死んでやるから」と叫んだりするのです。「ハサミ持ってこい！　お腹刺すから、早く持ってこい！」と命令口調で言ったり、「どうせ俺なんか、どうなってもいい」と、とうてい5歳児の言葉とは思えない言葉を吐き続けるのです。

　実は相談を受けたこのクラスには、Uくんと同じように父親から暴力を

受けているT君，両親が離婚調停中のI君と，同じような行動を繰り返す子どもが3人もいて，18名の年長クラスが一人担任でやっていけない状態なのだそうです。

　保育者たちは，園のなかの閉塞した空気より，自然のなかで興味や関心を広げることが重要だと考え，散歩を積極的に取り入れていったというのですが，やってみるとこれが大変で，園外にいくと3人が3人，勝手な行動を取り始めるのです。

　実はこうした形で子どもたちに保育を乱され，5歳児のクラスが集団として機能しない，いわゆる「学級崩壊」状態に陥ったクラスの相談を受けるケースが，最近めっぽう多くなった気がします。そんなクラスの様子を実際に見ていると，問題は5歳児の担任の力量にあるというよりむしろ，子どもたちが育っていく過程で大切な力を獲得できていない，自我形成の歪みにあるのではないかと私は考えるようになってきました。

　例えば一般に子どもたちは，2歳の誕生を迎える頃までに，自分の周囲にある環境に対して興味や関心をいっぱい働かせながら「探索・探究要求」を形成していくと同時に，人と心地よく気持ちを通わせていく「情動・同調要求」を獲得していきます。

　これらの二つの要求は，「探索・探求要求」の方が子どもの能動性・積極性に依拠しながら形成していくのに対して，「情動・同調要求」の方は大人たちの積極的働きかけによって形成されていくといった特徴をもっています。「探索・探求要求」の方は，放置していても子どものなかに育っていく要求ですが，「情動・同調要求」の方は，親や保育者がわらべ歌を歌い，あやし遊びを繰り返すといった形で，「文化」を間にはさみながら積極的に関わっていかない限り形成されない力だという点に特徴があるのです。

　つまり，大人のかかわり方しだいで，「人と関わる力」としての「情動・同調要求」は全く違ったものになっていくのですが，この場合虐待を

受けた子どもたちは、この「情動・同調要求」がうまく形成されないという問題を抱え込むことになっていくのです。

しかも2歳の誕生を迎える頃までにこうした問題を抱え込んだ子どもたちは、これら2種類の要求・知性をつなげる力として2歳児頃から育ってくる「想像力」の発達にも歪みを持つことになり、自分という存在を一つにまとめて自己決定する「自己内対話能力」に弱さを持つようになってくるのです。

実は保育者たちをてこずらせている「気になる子ども」たちは、大なり小なりこうした問題を抱えているのですが、このように自我形成に歪みを抱えた子どもたちが、多様な形で、しかも大量に育ちつつあるというのが現代社会の現実なのでしょう。

つまりこのことは、現代社会が真の意味で「保育の専門家」を必要としていることを意味しています。つまり、保育者が乳幼児の育ちをデザインし、形にしていくプロフェッショナルとして活躍することが、今ほど求められる時代はないということなのです。

5　時代が求める保育実践の質と保育者の実践力量

柔軟で豊かな発想を伴う実践力量

おそらく保育者は今、すべての子どもたちが、あたりまえの人間として心地よく生きていく力を、意識的に育てていくために実践をデザインし、確実にその力を育てていく実践力量が求められているということなのでしょう。

ただし、さまざまな形で自我の歪みを抱えた子どもたちを前にして、すべての子どもたちに心地よく人間として生きていく力を保障する実践を創造することなど、そう易々とできる課題ではありません。何といってもそうした課題意識に基づいてこれまで保育実践論は整理されてこなかったの

ですから，どんな理論書を読んでもその答えは書いていないのです。あるいは，たとえそうした視点から保育実践理論が整理されたとしても，一つの理論を実践に転化すればすべてがうまくいくというように問題は簡単なわけではありません。なぜなら，子どもたち一人一人が抱えている問題が違っているからです。子どもたちが抱えている問題と，保育実践理論とを瞬時につなぎ合わせて実践をデザインする，そんな柔軟で豊かな発想を伴う実践力量が，保育者には求められているということなのです。

　例えば，最初に紹介した山口さんのクラスでも，実際には家庭にさまざまな問題を抱え，自我の構造に歪みを抱えた子どもたちが何人かいたのだそうです。そんな子どもたちを前にして山口さんは，子どもたちが熱中できるものを作り出すことと，全員が共有できる物語を持つことを目標に実践を展開していったといいます。

　つまり，熱中できるものの一つとして牛ガエル捕りを思いついたということなのですが，その展開過程の自然さのなかに，山口さんの保育者としての実践力量が秘められているのでしょう。

即興性に基づく一回性の実践

　重要な点は，こうした活動に平行して山口さんが，4歳の子どもたちに絵本や物語を読み続けていった点にあります。そうしたなか，子どもたちは『ロボットカミイ』（文：古田足日／絵：堀内誠一，福音館書店，1970年）が大好きになってくるのですが，そんな子どもたちを見ていて山口さんは，カミイから子どもたちに宛てて手紙がきたことにしてみようと思いつきます……。

　　　ぼくはロボットカミイです。みんなが，ぼくの本を読んでもらっていて，ぼくのこと好きになってくれて，たくさん絵を描いてくれたこと，ロボットの幼稚園から見ていました。本当にありがとう。とってもうれしかったよ。だからみんなに，マジックをプレゼントします。この

5章
時代が求める保育実践の質と保育者の実践力量

マジックで素敵な絵をたくさん描いてね。そしてロボットの国へ送ってね。楽しみにしています。

手紙と一緒にマジックをもらった子どもたち。さっそくカミイの絵を描き始め，描き終わると今度は，それを小包にしてカミイの所へ届けようと郵便局へ出かけていくことになります……。そしてそんなことをしているうちに，今度は段ボール箱でカミイを作ろうということになり，カミイやチビゾウを作っていったといいます。

「カミイと散歩に行きたい」という子どもたちの声に応えて，カミイをつれて運動公園へ散歩に出かけました。遊歩道までは車が多いので，私（山口）がカミイを背負って出かけました（通行人も笑ってました）。遊歩道に着くと，今度は子どもたちが代わりばんこにカミイを持ってくれました。カミイを後ろから抱きかかえて歩くもんだから，まるでカミイが自分であるいているように見えて，とっても不思議でしたよ。それを見て子どもたちも，うれしそうでした。公園ではカミイも一緒に滑り台をすべって楽しみました。

その後，子どもたちが作ったカミイとチビゾウが突然消えたかと思うと，今度はロボット幼稚園の先生や友だち（山口さんたち保育者が作った）と一緒に写った写真とともに，「ロボット幼稚園に帰りました」という手紙がきたりと，カミイの話で子どもたち，年長クラスに進級するまで大いに盛り上がっていったといいます。

もちろん，この実践はすべて，保育者である山口さんの「ひらめき」から始まったものです。しかしながら，4歳児の子どもたちに，夢中になれる生活と，共有できる物語を持たせたいという保育者の願いと，もっとおもしろいことをしたいという子どもたちの願いとが絶妙に響きあい，対話的になっているところがすばらしいではないですか。

乳幼児を対象とした保育実践をしていると，目の前の子どもたちとこんな感じで，「即興性」に基づく「一回性」の実践を思いつくことがよくあ

ります。そんな感じで実践が展開していくとき、「計画性」に基づきながら「反復性」のある実践を展開していく時とは全く違った、ドキドキするような緊張感を感じるのです。

　それは何といっても、子どもの活動要求と保育者の教育要求がうまく響きあい、対話的な関係になっていることを実感しているからにほかありませんが、まさにこの子どもと響きあいながら実践が展開されていくドキドキするような感覚こそが、実践する保育者の専門性の中核部分を構成しているといって間違いありません。そして子どもたちは、そんな保育者の実践力量に支えられながら、発達課題と向き合っていくのです。

6　マイナーな専門家としての保育者に求められる専門性

　ただし問題は、こうした実践が保育者の勘やコツの世界で行われていたため、それを言語化し、「保育計画」のなかに表現することが困難な点にあります。つまり、保育者個人の勘やコツに基づく「ひらめき」の世界は、それを言語化することが困難なため、保育実践を科学し、その意味を他者と共有することが難しいのです。

　つまり、現在求められる保育者の専門性は、かなり質の高いものであることはその通りなのですが、実践の意味を社会的に認知させていくことは、きわめて難しい課題だということなのです。

　例えば、このように個人の勘やコツといった力量に依拠しながら実践する点に本質的特徴を持つ専門家のことを、明確な学問的背景を持ちながら、それを学ぶことによって一定程度の質が保障される「メジャーな専門家」に対して、「マイナーな専門家」と命名したのはドナルド・ショーンでした。

　誤解してはいけませんが、ここでショーンが「マイナーな専門家」と呼んでいるのは、それが「メジャーな専門家」に対して劣っているからでは

ありません。それどころかショーンは,保育者のように実践のなかで思考し,自らの実践を創造していくことを本質的な仕事とする「マイナーな専門家」に「反省的実践家」という特徴を与えながら,歴史は技術的合理主義に基づきながら近代社会が構築してきた「技術的熟達者」としての専門家から,「行為の中で省察する」「反省的実践家」としての専門家を求める時代へと動きつつあると語っているのです。

例えばショーンは,以下に示すトルストイの言葉を引用しながら,「行為の中で省察する」専門家として教師のことを語るのですが,これは保育者の専門性を考えるうえでも参考になる内容になっています。

> 最も良い教師というものは生徒を悩ましているものが何であるかをいつでも詳しく説明できる人だろう。これらの説明が,考えられる限りの方法的知識と新しい方法を考え出す能力とを,そしてとりわけ一つの方法に盲目的に固執するのではなく,あらゆる方法が一面的であるという信念,および生徒が陥る可能性のあるあらゆる困難にとって最適の方法は一つのメソッドではなく,アートであり才能なのだという信念を教師に与えるのである。(ドナルド・ショーン/佐藤学・秋田喜代美訳『専門家の知恵』ゆみる出版,2001年)

教育に求められる方法は,単一の「メソッドではなく,アートであり才能なのだ」という言葉は,極めて示唆に富んだ内容になっていますが,これに続いてショーンはさらに,教師・保育者たるもの,「生徒の理解におけるあらゆる不満を,生徒の欠点としてではなく,教師自身の教授の欠点としてみることによって,新たなメソッドを発見する能力を自分自身の中に開発していくよう努めなければならない」とも述べています。

つまり保育実践という営みは,保育の対象である子どもたちと,常に対話しながら展開される実践であり,そこで働く保育者に求められる専門家としての力量は,子どもと対話する力量であると同時に,常に「行為しながら考える」ことのできる柔軟で創造的な実践力量だということなのです。

第Ⅱ部
保育の質と専門性・労働条件の関係

　もっとも,「マイナーな専門家」である保育者の仕事は,勘やコツといった個人的センス・力量に依拠したものであるが故に,その意味を他者と共有することは極めて難しい仕事なのです。しかしながらその仕事がいくら困難を伴うといっても,その努力を怠ると,保育実践の意味は社会的に認知されないまま,価値を低下させていくことになってしまうのです。
　重要なことは,実践を語る確かな言葉を保育者が持つことです。子どもとの間で対話的に展開された実践を,実践記録として整理することです。そしてその記録を基に,子どもたちの人間的発達に責任を持つ保育実践の質を,社会的に表現していくことが重要なのです。
　しかしながら多くの保育者は,こうした専門性を磨きあうために取る時間が,客観的にないことを問題にします。

　　　保育士は,子どもの心身の発達等に関する学習に加え,保育技術向上のための学習も必要である。学びたいことはたくさんあるのに,なかなか本を見たり,研修会に行くことや,自分自身で実践をまとめたり,考察する時間がないことを,とても歯がゆく思っている。子どもたちにとって良い環境は,保育士たちの仕事の場としても優れた環境でなくてはならないはずである。

　本調査のなかでも,一人の保育者がこのように語っていますが,こうした「歯がゆさ」は,多くの保育者の実感でもあるのです。

　　　いろいろなタイプの子への対応,保護者への対応など,難しくなり,理解しようとすると,学習していかなければならない。実際に気づかうところが多くなってきた。とても時間が必要になった。ストレスを発散させるためには,自分の時間もたくさん欲しい。この労働条件では,専門性は名ばかりのような気がする。

　　　労働条件と専門性は連動しているものであり,環境が悪くなりつつある今,専門性が豊かになっていくとは,とても思えない。子どもに携わる仕事をする人や子どもにとって豊かな環境を整備していくこと

や，労働条件を整えていくことが，今，とても大事なことであると思う。

調査のなかでは，こうした現実への「歯がゆさ」を語る保育者が少なくありませんでした。保育士という仕事をしていると，ある意味でもう「あきらめて」いることなのかもしれませんが，明日の保育を集団でデザインしていく時間や，クラスの子どもたちが抱える問題を考えあう時間を，仕事時間のなかに確保できるようにすることが重要です。少なくとも，そうした時間が客観的に保障されていることを当然と考える専門家の働き方を，あきらめずに志向していくことが重要なのです。

なぜなら，調査のなかで保育者も述べていたように，保育者が専門性を磨きあう条件を作っていかない限り，子どもたちの人間的育ちが保障できないのですから。そして，そうした努力を重ねていくことが，この時代を生きる保育者の「子どもへの責任」にほかならないのですから。

「びっくりしたー！」 わっ！

6章 プロとして保育者を処遇する

——保育の質・専門性・労働条件

垣内　国光

　このところ,保育の質の指標はあるのか,質を高めるためにはどのような改革が必要であるのかなど,保育の質に関わる議論が盛んに行われています。しかし,保育者の実態を関わらせて,保育実践や専門性が議論されることは存外に少ないようです。量的確保の議論や実態抜きの保育者資質期待論はあっても,生身の保育者論は埒外におかれているかのような状況さえあります。[1]今日の状態に照らせば,保育者の現実のあり様こそが保育の質の議論の軸にすえられるべきと思われます。

　本章は保育の質論を深めるための素材として,保育者の労働条件と専門性の問題を歴史的に概観したうえで,確保されるべき保育者の専門性と労働条件のあり方を論ずることとしたいと思います。

1　聖職としての保育者から専門職としての保育者へ

愛と奉仕の聖職論期——戦前

　保育の専門性の歴史をごく大雑把にふり返れば,戦前における「愛と奉仕」の聖職論期,戦後の児童福祉法体制のもとで専門性が求められ確立されていく専門職化期,90年頃からの専門性が矮小化されていく保育市場化期の3期に分けて理解することができます。

　社会福祉の歴史との連関でいえば,慈善救済の段階から資本主義のもとで生ずる生活問題に応じた社会事業が成立した段階,さらに戦時下の厚生

事業までが聖職論期にあたります。(2)聖職論期といっても，篤志家による慈善の聖職論期から救護法が成立した後の聖職論期，さらには，戦時下の国家総動員態勢のもとでの戦争遂行の翼賛的な聖職論期にいたるまで一様ではありません。

また，困難ななかにあっても，明治時代には貧民も対象とする野口幽香らによる二葉幼稚園（明治33年）や昭和に入ってからの無産者託児所や帝大セツルメント託児部などによる実践が展開されており，一時期は保育問題研究会（1936～1943）などの民間の自発的な研究運動が進められてもいたことは特筆すべきことです。(3)聖職論期で塗りつぶすことのできない実践が存在したことは確かです。

しかし，一般的な状況としては，保育の専門性はほとんど認められないまま推移した点で「愛と奉仕」の聖職論期にあったとみてよいでしょう。

当時の社会事業従事者待遇状況の一端を知る資料として，1942年当時の財団法人神奈川縣社檜事業協檜の「神奈川縣下に於ける施設社会事業従事者の待遇に関する調査」を見てみましょう。

　　よく，世間では，社檜事業家は已むに已まれぬ同胞愛の至情から斯業にたづさわるのであるから物質的報酬など彼之云ふべきでなく，只精神的報酬によって満足すべきであると説く人がある。思わざるも亦甚だしいと謂わなければならない。それは，畢竟，現今の如き専門的職業化せる社檜事業従事者を，一定の恒産を有ち道楽で人助けをして来た者の慈善事業家と同一視する謬論である。勿論，現在とても，社檜事業に従事する以上慈悲愛隣の熱情を持ち合わせていなければならない。併しながら，といって，如何に社檜事業を天職と心得ても，現下の社檜機構の下に於いては，相当の物質的報酬なくしては晏如として事業に自己を没頭せしむることは出来得るわけのものではない。然るに，現下の社檜事業殊に私設社檜事業に於ては，物質的報酬が極めてひ菲薄な為に，勢ひ，之に従事する職員の教育程度が概して低いば

かりでなく，それが恩給を有つ老人連の隠居仕事に堕する惧れすらないとは云えない情勢にある。斯くて，現在の菲薄な待遇が不知不識の間に其の儘標準化され，亦それが因となって，高度の教養を有つ人材の斯業に就くのを妨げ，従って，其の専門的教育機関の発達を阻害しつつあるのが現状である。（ルビは筆者）

また，鷲谷善教は戦前期の福祉労働者状態を総括して次のように述べています。

> 昭和13年3月，社会事業法の制定によって，保育所のほか育児院，養老院，救護所，施療所，産院，授産場，宿泊所等の社会事業施設は政府による経営や寄附金の監督を受けると同時に政府の補助金を受けることが可能となったものの，それが従事者の待遇改善にふり向けられることはほとんどなかった。このように，社会事業従事者は実質的には社会事業を自らの手で支えながら，遂に報われることはなかった。……従事者の状態がほとんど改善されないままに敗戦を迎えたのである。[4]

慈善救済や天皇制を背景とする慈恵的な意識が色濃く，保育や福祉を必要とする人々の権利が確立していない状況下では，保育や福祉のケアにあたる労働者の権利や専門性も認められないのは当然だったともいえます。

専門職化期前期――理念と現実のずれ

戦後の民主憲法体制下で生存権が認められ権利としての福祉が成立することで，保育制度が確立し保育職が公認されることとなります。当初は劣悪な基準でしたが，保母職，幼稚園教諭職が資格化されるとともに，児童福祉法による措置制度のもとで施設基準が明確にされ施設への公的補助が行われていきます。労働組合や全社協保母会（現全国保育士会），保育研究団体などの組織も拡がりを見せ，徐々にではありましたが保育者の待遇も改善されていきます。

第Ⅱ部
保育の質と専門性・労働条件の関係

　この専門職化期は，まだ十分に保育者の待遇が改善されていない前期と一定の改善が見られる後期とに分けることができます。

　前期は，戦前とはまったく異なって，民主憲法下で形の上では慈善的，慈恵的な仕組みから脱っし，児童福祉法によって最低基準が定められ児童1人あたり月額費用単価にたいして人件費を含む公費負担が行われる仕組みが採られることとなりました。しかし，その基準や保育者待遇は戦前よりはましとはいえかなり劣悪なものでした。

　例えば，全国私立保育園連盟編『保育所の現況』(1961年) 記載の労働省婦人少年局『婦人労働資料第71号』(1960年) によれば，保育者の労働実態について次のような記述があります。[5]

　　　保母の本務が雑務からきりはなされていず，保母は各種事務，洗濯，掃除，調理等，本務以外の仕事をおわされすぎている。

　　　婦人労働一般に共通した結婚，出産までの短期雇用の特徴が専門職である保母の場合にも見られ，経験の価値が重要視されなければならない職業でありながら新陳代謝が多い。これは保母の勤務がはげしいためにつづかないということもあるが，ひとつには既婚者を歓迎しないとか，あるいは給料の低い若い保母との交替をのぞむ風潮があるためと考えられる。

　　　社会事業に附随する奉仕の観念，財政的制約のために，大きな地方公共団体の運営する施設をのぞいては，一般に賃金水準がひくく，独立した生計を営むことができない低い賃金を与えられているものが多い。

　1960年当時の保育者配置基準は1948年の厚生省令で定められたままであり，その基準は図表6-1のとおりです。ゼロから2歳未満児は10対1であり配置基準そのものが劣悪であることがわかります。

　東京都社会福祉協議会保母会が1960年に行った調査では，当時の都内民間保育園の保母（現保育士）の給与月額は9,939円です。[6]労働省『毎月勤

図表6-1　保育者配置基準

	1960年当時の配置基準	現在の配置基準
ゼロ歳	10：1	3：1
1・2歳	〃	6：1
3歳	30：1	20：1
4・5歳	〃	30：1

労統計調査』によれば，1960年の一般事業所（30人以上規模）の月額給与の全国平均額は，男性が2万9,029円，女性が1万2,414円です。東京の保母の賃金は，一般事業所の男性比24％，女性比80％となります。東京の賃金が相対的に高いことを加味すれば，実態は一般女性の賃金の60％から70％程度であったと考えられます。

およそ10年後の1969年に全国社会福祉協議会全国保母会が行った全国調査では，保母の平均給与月額は公立が3万9,617円，私立が3万1,707円です。同年度の一般事業所の給与月額は男性7万5,948円，女性が3万6,838円ですので，公立保育所が一般事業所男性比52％，女性比108％，私立がそれぞれ42％，86％となります。給与面で見れば70年頃にようやく一般の女性労働者並に近づいたと見ることができるでしょう。

こうしてみますと，専門職化期前期は専門職の位置づけと実態とが一致せず，内実は依然として奉仕の精神による労働との認識が色濃く，自活して生活できる賃金すら与えられていない状態に保育者がおかれていたと見ることができます。

専門職化期後期――公共的で専門性の高い保育実践の拡がり・ひばり保育園の保育

このような実態は，1970年頃より急速に改善されていきます。高度経済成長による女性労働力確保対策として保育所整備の必要性が高まったことに加えて，革新自治体が進めた保育所運営基準の引き上げによって，保育者待遇が今日の状態に近いところまで改善されることとなります。典型的

なものとしては，美濃部革新都政による公私格差是正措置があります。自治体レベルでの改善によって，少しずつですが国の基準も引き上げられていきます。この格差是正による現場の条件の改善については，序章で福留光子さんが自らの体験を踏まえて生き生きと描いておられます。

こうして，保育者の専門的力量を発揮しうる条件が確保されることによって，優れた保育実践が全国で展開されるにようになりました。

各地で，豊かなあそびと生活を保障する実践，親とともに共同して創造する実践がみられるようになり，保育の専門性が広く認知されていきます。一部保育者のみがなし得る職人芸的な実践ではなく，経験と知識を蓄積し科学的な知見に裏付けられた実践の交流がすすみました。不十分ながらも研修も認められるようになります。全国的な研究運動も展開され，今日の保育実践水準が形成されていきました。先行した実践に刺激され全国各地の実践水準と専門性を引き上げるという循環も生まれていきます。

専門職化前期までは，一部に限定されていた乳児保育，障害児保育，長時間保育，地域への子育て支援などの実践がこうした交流のなかで全国に拡がり，現在では国の保育政策として取り上げられるに至っています。

このような実践を代表するものとして東久留米市のひばり保育園の実践事例をみてみましょう。保育研究集会や保育雑誌などで紹介もされている事例です。このひばり保育園の実践について，清水玲子さんは次のように評価しています。

> ひばり保育園では，子どもの姿と保育をいっしょに語ろうと努力しています。それは，そのときの保育が，子どもにとってどうだったかを考えていくために大切なことなのです。子どもの気持ちを汲んだつもりでも，子どものほうが，大人にわかってもらえた，と思えなければ，子どもは安心できず，楽しい思いができません。どの子どもも，わかってもらえた，大人にも友だちにも認めてもらえている，と安心して，くったくなく遊びに熱中し，笑ったり怒ったり泣いたりできる

ような毎日を保障したいと願って，子どもの側(がわ)に立つことを徹底することを意識してきたのです。こうしたひばり保育園の実践は，保育園の大人たちが，悩みながら，揺れながら，でも決して投げ出さずに子どもたちをもっとわかろうと毎日を積み重ねていくことの大変さと貴重さ，そして，そのことをやり通しているからこそ味わえる保育の喜びを，筆者に教えてくれました。

そして，ひばりが特別ではないことについて清水玲子さんはこうも主張しています。

> ひばり保育園は，特別な人が集まった特別な園ではありません。どこの保育園にも，そこを拠り所としている親子がいて，保育者たちは，子どものことを大切に考え，困難があっても誠実にいっしょうけんめい保育をしています。でも，だからこそ，ひばり保育園で保育することになった保育者たちが，目の前の子どもたちから出発し，子どもの側に立つことを徹底しようと奮闘した足跡は，どこの園のどんな保育者にもきっとどこかで自分の保育と重なって考える提起を含んでいると思います。[8]

ひばり保育園の実践は，達人による実践でもなく，○○メソッドという類の技術に依存する実践でもなく，一つひとつの実践をみればごく自然であたりまえの保育をていねいに積み重ねた公共的保育実践であることを示しています。大人が切り取った世界を誇示するでなく，子ども世界に徹底して寄り添うことで，子どもと大人とが喜びや悲しみを共感しあい世界を共有することでかけがえのない人生を共に生きているように見えます。

そのひばり保育園の実践創造の中心的な役割を果たした嶋さな江さんは，公立保育園像として次のようなことを語ったことがあります。

園づくりの目標（こんな保育園になりたい）
- 子どもがよろこんで通える保育園に
  子どもの発達を保障する，子ども理解を深める，しっかり子ども

第Ⅱ部
保育の質と専門性・労働条件の関係

をつかむ
- 親が安心して子どもをゆだね，働ける保育園に
    子どもの姿を伝え，見方を一致させる，親から信頼される
- 保育者が活きいきとはたらける保育園に
    保育条件の充実，環境改善，健康管理，ストレスと上手につきあう，大人も安心できる
- 地域のなかで役立つ保育園に
    地域の皆さんからよろこばれる保育園に[9]

　内発的要求としての保育園像を示して，嶋さんたちは自ら努力を重ねてきました。このような保育の公共的世界が形成されてきたことは戦後の保育専門職化期の到達点として評価されてよいでしょう。共同的で公共的な保育実践が，公立私立を問わず無数に生み出されてきたのが70年代から80年代にかけての時代であったと見ることができます。

公共的な保育の基盤

　共同的で公共的な保育が産み出された最大の理由は，聖職論の時代とは異なって，保育者がプロとして保育実践にあたることができる環境が整えられてきたからといえます。児童福祉施設最低基準における保育者配置基準は，何度かの引き上げを経て図表6-1にみるような水準にまで引き上げられてきました。また，人件費の過半が国自治体の公費によって担われ改善されてきたことによって，不十分ながらも保育者の賃金水準が確保され働き続けることができるようになりました。こうした保育への国民の期待をうけて，少し時期がずれますが，1999年には児童福祉法が改正されて保母と保父が統一され保育士として国家資格化されたことも忘れてはならないことです。条件整備が進められた背景には，専門性を引き上げるための保育者の職能集団の活動，保育者の労働組合による活発な要求運動が展開されてきたことも指摘しなければなりません。

戦後日本の保育実践は，これらの基盤（制度的基盤，自覚的実践主体の基盤）があってはじめて生まれ得たものであり，その基盤に支えられた実践が広く父母に受け入れられていくこととなります。さらに今日では，利用者父母とともに創造する実践，子どもの権利を代弁する実践・運動が全国で模索されるにいたっています。これが専門職化後期の特徴と言えます。

　ところが，公共的で多様な保育実践が広く展開されつつあるさなかに，逆風が吹くこととなります。保育の制度的基盤を解体する規制緩和・市場化政策が1990年のバブル経済崩壊以後に進められることになったからです。

2　市場化のもとでの保育労働・保育実践の変質

保育をめぐる二つの路線——競争か共同か

　90年代に入って以降，公的保育制度はお金がかかりすぎる割には保育の質が良くないとする主張が政策サイドから行われるようになります。公立保育園は私立よりお金がかかりすぎ，保育サービスが画一的で住民の保育ニーズに柔軟に対応できていない，私立保育園においても一部の社会福祉法人の私物化傾向などの弊害があり，社会福祉法人制度も見直すべきとの指摘です。要保育児童に対する公的責任が明確な現在の公的保育制度を解体すべしとする主張です。

　この主張は，競争の論理によって問題解決を図ろうとする考え方に集約されます。

　現在の保育制度は公立も私立も硬直的で費用もかかりすぎるので，保育に関わる各種の規制を緩和して，営利法人などの事業参入を促し，競争的環境をつくることで問題解決を図ろうとする構造改革路線です。補助金もできるだけカットし直接利用者に渡すなどのシステム（バウチャー制度）を採ることで，選択性を強め公的保育サービスを売買による市場的制度へと変え施設の淘汰を進めるとするものです。

例えば、安倍内閣の規制改革会議「規制改革推進のための第1次答申――規制の集中改革プログラム」(2007年5月30日)では、公的責任の明確な現代の保育制度を「公的扶助色の濃い社会福祉制度」と断罪し、「施設と利用者との間の直接契約を容認するとともに、保育サービス料金については、低所得者層等への配慮を前提として、サービス内容に見合った対価を利用者が負担する応益負担方式へ転換するなど、利用者との契約に基づき原則自由に設定できることを認めるべきである」としています。

市場化論に対するもう一つの考え方は、公的責任を基盤として共同の論理によって保育制度を充実させていこうとするものです。ひばり保育園で見られた「子ども世界に徹底して寄り添うことで、子どもと大人とが喜びや悲しみを共感しあい世界を共有することでかけがえのない人生を共に生きる」実践でありそれを支える制度です。

行政の保育義務を維持しつつ運営基準を引き上げ公費負担を増やし、保育園運営と実践への父母住民の参加のレベルを引き上げて、子育てにおける父母と保育者の共同的関係を発展させ、保育の公共性を高めようとするものです。保育者の専門性の高度化も求められます。脱市場的な改革が社会の安定的発展を保障するという考え方です。

営利化市場化の政策動向

ここで、政策の動き保育現場の動きを見てみましょう。

長く、保育所の設置主体は「私人の行う保育所の設置経営は社会福祉法人の行うものであることとし、保育事業の公共性、純粋性及び永続性を確保し事業の健全なる進展を図るものとする」(1963年3月19日付け271号通達「保育所の設置認可等について」)とされ、営利法人の参入は完全に否定されてきました。しかし、2000年3月30日付け295号通達「保育所の設置認可等について」によって株式会社等の営利法人、NPO、学校法人などにも門戸が開かれ、さらに、2001年には議員立法によって、児童福祉法

に公立保育所民間委託促進の条文（第56条の7）が盛られました。

その後，公立保育所運営費への国負担金がカットされ，さらには2006年には児童福祉施設最低基準を下回る無認可保育施設（認定こども園）運営を国が認めるとする法律（就学前の子どもに関する教育，保育等の総合的な提供の推進に関する法律：通称・認定こども園法）が制定され，2007年度より本格実施に入っています。加えて，まだ制定されてはいませんが，原則すべての国民が育児にかかる費用を保険方式によって負担する育児保険構想の議論も進められています。この育児保険によって保育費用が賄われることになれば，定型的な保育サービスのみが保険給付の対象となることが予想されます。

そうした政策動向のもとで公立保育園の民営化が強行されてきました。さきに戦後の公的保育制度の一つの到達点として紹介した東久留米市のひばり保育園も2006年度に住民と保育者の反対を押し切って民営化されています。

民営化をめぐる問題は多々ありますが，その最大の問題は委託後に保育の質が維持されるか否か，専門性の高い保育が行われるか否かです。営利企業への民営化が最大の焦点となっています。その事例を見てみましょう。

民営化の現場——質の低い保育と多い退職者

民営化によって問題を抱えているところはたくさんありますが，拙著『民営化で保育が良くなるの？』（ひとなる書房，2006年）より一例を紹介したいと思います。これは大田区で起きた事例です。

2004年度，大田区は，山王保育園を㈱ピジョンに，西蒲田保育園を㈱日本デイケアセンターに委託して公設民営保育園としました。このうち西蒲田保育園はさまざまな問題を起こしています。配置基準保育士数22人中，2004年1月から3月の引き継ぎ期間に10人が退職，同年4月から2005年3月までの1年間に14人が退職し，その間に虐待とおぼしき事件が生じて父

第Ⅱ部
保育の質と専門性・労働条件の関係

母がネットに事件を告発する事態に至っています。

　　股関節の病気のために，歩くことを禁止されている子が，3歳児クラスにいるのですが，着任してから1ケ月近く経過していたにもかかわらず保育士がその病気の事実を知らずに，その子がハイハイして歩く様子を見て，両足を持って「○○ちゃん，何でハイハイしてるの～？」とぶらぶらと両足を揺すったのです。その様子をたまたま目撃した母親が慌てて止めに入りました。また，別の保育士は，「立った方がやりやすいよぉ」と手を引っ張って立たせようとしました。○○君本人が，「自分で立っちゃ行けないんだ！」と叫び，その場をしのいだそうです。当時，園長以外その子が身体障害者手帳を持っていることさえ知らなかったというぐらい指導・連絡事項の徹底がなされていませんでした。

また，こんな告発もありました。

　　C君は，その母親に対し「ろうや」に入ったことを告白した。「ろうや」とは，西蒲田保育園の洗濯部屋のことである。「ろうやには5回入った。3回は戦いごっこで怒られて1人で入った。2回は友だちと。」と答えた。「泣いた子もいるよ。でも俺は泣かないよ。もうしません，ほたるの部屋に入れてください，って言ったら出してくれた」との答えが返ってきた。また，C君は担任保育士から，頭を拳骨でたたかれたことがあると告白した。

　　E君は，担任保育士より頬だけでなく頭もたたかれていたことが判明した。また，洗濯室に鍵をかけられ，閉じこめられたことがあると告白した。その他，反省として正座を強要されていたことも判明した。平成16年6月28日には，「西蒲田保育園に行きたくない，嫌だ」と号泣し，ダダをこねるようになった。結局，6月29日以降，西蒲田保育園を休むことになった。7月1日，自宅近くの診療所にて，不安障害と診断された。結局，担任保育士より洗濯部屋に閉じこめられた児童

は，合計10名に上ることが判明した。

 あまりの惨状に保護者が大田区に対して事業者を変更するよう要望書を2004年10月28日に提出しましたが，区は応じず，結局，集団で親子が転園したり，園長が交代し緊急に保育者を増員するなどして事態は収拾されたようです。区は「資格のある保育士が配置されているので問題ない」との主張ですが，父母としては納得できないのは当然でしょう。

 2006年1月に転園したご家庭のお母さんがヒアリングに代えて筆者にくださった手記から一部を紹介します。

> 転園によって，公立園に戻ることができてから1年になります。まだ1年経っていないというのが，うそのように遠い過去の話のようです。……なんの心配もなく，思う存分お友だちと遊べる，そんなあたり前の日常があることを転園して知ったわが子は転園初日に「保育園楽しい。保育園大好き」と言いました。その言葉に安堵と，それ以上にそんな園に置いておいたことに，ことさら罪悪感を感じました。……民間の保育園（民間委託された園：筆者注）の保育士にもっと経験や知識があれば，きっと子どもの気持ちに応えてくれたのだろうと思いますが，経験も少なく，保育園勤務自体が初めてという保育士が大多数で，とてもそんなことを望める状況ではありませんでした。教えてくれる人がいない見本となる先輩もいない状態で，毎日声を枯らせてきつい勤務シフトのなかで耐えていた保育士たちも本当に可哀想でした。判らない。でも教えてくれる人がいない。その上，会社は親の顔色見ては要望だけをこれでもかと押しつけてくる。……結局，目的に突き進むやり方に振り回され，苦しんだのは声をあげることのできない子どもたちや現場の保育士でした。……「民営化ありきで，子どもは置き去り」それが今回の大田区の民営化だったと私は思っています。

 現在は，赤字覚悟の企業努力による5名ほどの保育士加配と新園長のも

第Ⅱ部
保育の質と専門性・労働条件の関係

とで比較的落ち着いた園運営がなされているようです。しかし，営利企業がいつまでも黒字を出さない運営を続けるとは考えられないでしょう。ここでは1つの事例のみしか取りあげることができませんが，これと似た事例が続発し，行政を相手取った民営化を阻止する訴訟が住民によって多く起こされ，2006年には横浜地裁で民営化が違法との判決も出されるに至っています。

こうして見ますと，戦後，ようやく確立してきた保育の専門性が90年代以降の構造改革市場化路線のもとで，危機にさらされつつあることがわかります。第2期の専門職化期から第3期の保育市場化期に移行しつつあるとみることができます。

保育アシスタントは最低賃金レベル──アメリカ

保育市場化を「先取り」している国があります。アメリカがその国です。医療や介護においても多くの問題が指摘されていますが，保育分野でも問題をはらんでいます。

世界の福祉国家を，包括的な社会的ケアの社会民主主義の型，家族制度と社会保険に依拠する保守主義の型，市場を通じての福祉を供給する自由主義の型の3つに分類した研究者がいます。そのG.エスピン・アンデルセンが次のようなことを指摘しています。日本は，「自由主義と保守主義との独特な合成型[11]」だが，「市場による福祉供給という点では，日本型レジームはアメリカの自由主義的モデルに大変似ている[12]」と。ごく簡単に言ってしまえば，社会保険がニーズに対応し切れておらず保育や介護の負担が家族にかかっている国ですが，拡大する福祉ニーズを市場的に処理しようとしている点ではアメリカによく似ていると言うのです。

そのアメリカの実態を簡単に見てみましょう。

アメリカは，公的な医療保険制度がないうえに，公的な保育制度も存在しない特別な市場原理＝自由主義的な福祉国家です。日本の保育を子ども

に受けさせたアメリカ人が帰国するさい，同じような話しを聞きます。仲間とともに豊かにあそび，安心して預けられる保育園がアメリカにはないため，帰国をためらうというものです。また，アメリカの保育研究者が日本の保育園を視察すると，ほとんどが高い評価をするということもよく聞く話です。日本の保育もさまざまですが，公立保育園を中心とした認可保育園の安定的で共感的な保育が魅力的に映るのでしょう。

そのアメリカの保育現場を視察した中山徹さんを中心とするメンバーは，アメリカには営利法人経営の保育園が多く一部の低所得層以外には保育予算措置もないことを明らかにしたうえで，メンフィス市（テネシー州），ロサンゼルス市（カルフォルニア州），サンタモニカ市（カルフォルニア州）の現地をヒアリングした結果として次のような指摘をしています。

> アメリカには全国的な保育制度がない。そのため全国的に通用する保育士の制度や労働条件もなく，各州ごとに決めている。職員はティーチャーとアシスタントに大別される。調査した範囲内でティーチャーの資格が高かったのは，サンタモニカ市の公立保育所で，1年以上大学に在籍し，幼児教育に関する教科を8科目以上履修していることである。最も資格が低かったのはメンフィス市で，高卒以上，18歳以上である。アシスタントの場合，通常高卒以上でなれる。いずれにせよ日本の保育資格よりはるかに低く，アンスタントについてはまったく専門的素養が問われていない。当然，労働条件もよくない。私立保育所の場合，非営利法人，営利法人とも，通常，月給制を適応されているのは園長クラスだけであり，他のティーチャー，アシスタントは時給制である。時給も低く，全国的に見て，ティーチャークラスで1時間あたり平均8ドル，アシスタントで平均6ドルである。時給6ドルというのは最低賃金とほぼ同じであり，さまざまな職種のなかで最も低い賃金水準である。[13]

第Ⅱ部
保育の質と専門性・労働条件の関係

保育の仕事は将来性のない仕事――アメリカ

　また，G. エスピン‐アンデルセンが自由主義的（市場的）レジームと位置づけるイギリス，アメリカ，カナダのケアワーカー（介護職と保育職）の詳細な分析を行った三富紀敬さんは，アメリカの看護師の年間平均賃金は51,230ドル（120円換算でおよそ615万円）に対して，保育士は17,400ドル（209万円），皿洗い人が15,490ドル（186万円）であることを紹介したうえで，アメリカの保育者状態について次のような指摘をしています。

　　ケアワーカーの賃金は医療産業を含むアメリカ全体の賃金構造においても最底辺に位置する。それは，低い賃金水準と非常に低い賃金水準のいずれかに属する。介護職の中では，在宅介護助手の賃金が最も低い。保育士の賃金と共にスーパーマーケットのキャッシャーやファーストフード店に働く調理員の賃金と同じ水準にある。在宅介護助手（personal and home care aides）や保育士の賃金が……（中略）……動物世話人（animal caretakers）のそれよりもはっきりと低いことには，正直のところ驚かされる。……ケアワークは，しばしば将来性のない職業（dead-end job）と称される。[14]

　また次のようにも指摘しています。

　　民間事業者は，これといった専門的な教育訓練を受けていない労働者を一段と低い賃金で雇いながら，外部化にいかにも積極的に対応する。パートタイマーや期限付き労働者の雇い入れも，採用される手段の一つである。これらは，移動率の高さとなって表れる。児童とのサービス給付を通した継続的な関係の形成は，損なわれる。十分な訓練を経ることなしにサービスを担うことから，児童と家庭が一時保護や児童施設への入所あるいは入所治療などの判断を下すにあたって，かえって有害な援助を行うことさえある。基本的な要件さえも満たすことの出来ないサービスの出現である。サービスの質は，こうした経

緯からも損なわれる。

　先進国のなかではもっとも福祉保育の市場化がすすむアメリカでは，保育者労働や介護労働は最低のジャンクジョブであることがよくわかります。将来性のない労働によって担われる保育が専門性の高いものではあり得ません。少しでも良い他の仕事があれば異動してしまうようなケアワーカーがよりよい保育，より専門性を高めようとする内発性（ミッション）を持ち得ないことは明らかでしょう。

　当の私たち日本の保育はその後を追ってはいないでしょうか。

　保育が営利の対象となって当然なのか，保育者が大量に入れ替わってもかまわないのか，数年で入れ替わる労務管理体制のもとで保育の質は維持向上できるのか，低賃金不安定雇用で保育者がモチベーションを維持できるのか，保育は上司から指示されたことだけをしていればよいのか。私たちには考えねばならないさまざまな問題が提起されています。近未来の日本の保育はアメリカ型でよいのでしょうか。

　聖職論の時代の保育も大変でしたが，この保育市場化期の保育もまた大変な困難を迎えつつあるといってよいでしょう。どのような専門性が保育者には必要なのか，その専門性を発揮できる条件とは何かが改めて問われているといえます。

3　保育の質・専門性・労働条件

保育の質とは何か，専門性とは何か

　保育実践と保育の専門性が危機に瀕しているとするならば，そもそもその保育実践の質とは何か，それを支える保育の専門性とは何かということが吟味されなければなりません。保育や福祉の質あるいは専門性をめぐる議論は，なかなかにやっかいな問題を含んでいます。必ずしも絶対的なあるいは共通認識となっている保育の質の規定やその評価基準，専門性の規

定やその測定基準が存在しないからです。

　ですから，時に市場化論に与する議論では，長時間保育をしているか否か連絡帳が何歳まであるか否かなどの利便性など尺度として，保育の質評価をすることさえあります。そうした基準をもちいて調査した結果，公立私立無認可の間に決定的な保育の質の違いはない，場合によっては公立の方がスコアが低いなどとする議論です。しかし，そのようなものは保育の質ではありません。

　ここでは今日，危機に瀕している保育の質と保育の専門性とは何かについて考えるための議論の素材をいくつか提供してみましょう。

　まず，はっきり言えることは，保育の質は保育内容そのものの質であり，保育者と子どもたちとの交互作用，さらには保育者と父母との交互作用を内実としているのであって，交互作用の評価を欠いた質論は問題外であることです。

　子どもたちを受容しアセスメントし理解する力量，子どもたちとの肯定的な応答関係，保育者と子どもとの情緒的な安定性の確保，発達を意識した子どもたちへの働きかけ，子ども相互の関係が深まるようなあそびへの働きかけなどです。共感的共同的な交互作用と言えるかも知れません。先にみたひばり保育園の実践はこうした作用が強い実践とみることができます。保育者と父母との関係形成も，共感的で共同的な関係が築かれることで良い子育てができるという意味では実践そのものということができます。

　問題はこのような保育の質は，どうやって確保しうるのかということです。

アメリカにおける保育の質論

　アメリカは保育の質に多くの問題を抱えているため，私たちに参考となる保育の質をめぐる議論があるようです。

　保育の質論について金田利子さんは早くから注目しており，アメリカの

サンドラ・スカー教授が1990年代から質論を展開していたことを次のように紹介しています。

> 教授は,「保育の質」にかかわる要因として, ① 子ども対保育者の割合, ② グループの大きさ, ③ 労働時間, ④ 保育者の状況（資格の有無など）, ⑤ 保育者の質, をあげ, そのなかでも発達心理学者として「保育者の質」に注目していた。……（中略）……そのチェックポイントは保育者の (1) あたたかさ (Warm), (2) 応答性 (Responsive), (3) 個別的対応 (Individial), (4) 注意深さ (Attentive), (5) 積極的働きかけ (Positve), (6) 感性 (Sensitve) である。

保育における交互作用と保育者の資質に注目していることがわかります。

また, 保育の質について議論が深まりつつあるなか, 最近, 大宮勇雄さんは『保育の質を高める』（ひとなる書房, 2006年）という本を著しています。少しその本から議論の一部を紹介しましょう。

大宮勇雄さんは, コロラド大学のハウズとヘルバーンの主張を引用してアメリカでは保育の質は, ① プロセスの質, ② 条件の質（構造的質）, ③ 労働環境の質の3要素によって成り立っているとの共通認識があることを紹介しています。プロセスの質とはまさに保育内容の質であり, 先に触れた保育者と子どもとの交互作用, 共感的共同的な関係性と理解することができます。条件の質とは, 主として保育者の人的配置を意味しています。多すぎない子どもをどれだけの保育者が担当するかです。そして, 労働環境の質とは保育施設運営への参加度, 労働条件などです。

そして, 大宮勇雄さんはアメリカにおける保育の質評価について次のようにも紹介しています。

> 三つの要素からなる「保育の質」はどのようにして測定され評価されているのであろうか。ホファースによれば,「保育の質は, 保育者と子どもとの相互のかかわりの温かさや豊かさ, あるいは保育園での日々の生活経験の観察によって計測するのがもっとも適切な方法だが,

この種の観察的評価方法は難しく，多くの時間と費用が必要となる。それゆえ，州の行政官や研究者は，質の良いかかわりや良好な子どもの発達結果と強い関連性のある，保育条件的な要素を二，三選んで測定している。その条件とされるのは，職員と子どもの比率，グループサイズ，職員の訓練と教育歴である。それらに加えて，多くの研究者が明らかにするところでは，保育の安定性（すなわち保育者の離職率の低さと子どもにとっての保育の場・形態の変化の少なさ：大宮）が，全般的な保育の質の良さに関連しており，職員の離職率の低さは賃金の高さと関連性が強い。」つまり保育の質を客観的に判定するもっとも一般的な方法は，プロセスの質との密接な関連性が実証されている「条件の質」または「労働環境の質」を指標としたものなのである[18]。

先に見てきましたようにアメリカにおける保育は公的関与のレベルが低く市場的なものであり，そこで働く保育者の労働条件は劣悪なことでよく知られています。保育の質論議や第三者評価が盛んに行われる理由はそうした保育の荒廃の是正という背景があるためです。

そのアメリカで，研究者と現場が共同して保育の質を向上させるために努力を続けている全米幼児教育協会（NAEYC）が守るべき保育基準（Early Childhood Program Standard）として10の基準を示していることも参考となります[19]。

① Relationship：子どもと大人との積極的関係性の構築
② Curriculum：子どもの発達と学習を促進するプログラム
③ Teaching：系統的効果的で適切な言葉掛けによる保育
④ Assessemt of Child Progress：子どもの発達のアセスメント（評価）
⑤ Health：子どもの栄養と健康
⑥ Teachers：保育者。子どもの学びと発達を促進し家族のさまざまなニーズと利害をサポートし調整するための資格，知識，専門的責任と地位を有する保育者スタッフ

⑦　Families：子どもを育てる家族との共感的な関係性
⑧　Community：地域社会との関係性
⑨　Physical Environment：物的な環境条件
⑩　Leadership and Management：リーダーシップと管理

　NAEYCにおいても，保育者と子どもとの関係性（交互作用）こそが意味を持つものであり，その関係性を支える最大の要因が保育者であり，その保育者が専門性を発揮できる条件が与えられているのか否かが重視されていることが理解されます。一定の保育の質が保たれていればこのような議論は不要なのであり，それだけ，アメリカの保育には問題が多いことを示唆しています。

　アメリカの質論は，保育者と子どもとの関係性，グループサイズなどの保育条件，そして保育者そのものの労働条件が重視されているということができるでしょう。[20]

保育の質を確保するための３条件——専門性，ミッション性，労働条件
　以上の議論のまとめを兼ねて，保育の質を維持するための３つの条件について触れておきましょう。私はかねて，保育に限らず，福祉，看護など対人的専門的援助労働を業とする仕事において，援助の質を確保するには，専門性とミッション性と労働条件の３つの条件が必要だと考えてきました。[21]対人のケアを業とする専門職は，対象が具体的なニーズを持つ個人や集団であり，場面場面で瞬間的応答的な個別的処遇が必要で，かつ，クライエントと魂の交換をともなう関係性を形成することが求められており，狭い意味での専門性だけでは質を維持できないと考えるからです。具体的に見てみましょう。

（1）　専門性
　保育にしろ福祉にしろ看護にしろ対人援助に専門性が必要であることはいうまでもありません。この専門性は４つの要素から成立していると考え

られます。

　一つは，専門的な知識と技術です。今，子育てや保育の世界は対象である子どもや家族が急速に変化しており，障害や母子保健の知識技術，さらには世界的な保育実践の知識など，学習と研修を欠かすことができません。知識技術の蓄積も必要ですが，知識技術を更新し続ける意志と研修環境も必要です。

　二つは，実践の裁量性です。仕事の対象である子どもや家庭は千差万別であり，その子どもをよく観察し一人一人の個性を認め，その子どもに合わせた働きかけが求められます。また，創造的な活動である限りダイナミックな保育を行うには保育者や保育者集団の個性もそれなりに認められるべきでしょう。園長から言われたことしかやらない保育，できない保育が求められているわけではありません。裁量性が発揮できない保育では子どもの発達を保障することは不可能です。市場化ですすむマニュアル保育とは対極にあります。

　そして三つめは，経験です。ゼロ歳児から5歳児まで仮に2年ずつ経験するとなれば12年を要しますし，その間に障害児保育を経験したり，産休などを取れば15年以上の経験がなければ保育の一通りのことを実践できる力量を獲得することはできないといっても過言ではありません。

　四つめは資格です。保育士資格，幼稚園教諭資格，看護師資格などです。資格を持っているからといって自動的に良い保育ができるわけではありません。最低の基礎要件としての資格が必要です。

(2) ミッション性

　対人援助に必要な条件の第2はミッション性です。保育への使命性です。

　ミッションといえば難しく聞こえますが，保育をすることの社会的な意味が現場と経営に自覚されているか否かと言うことが重要です。仕方がないから保育をしているやる気のない保育者や，自己利益だけ儲けだけしか頭にない経営体に保育して欲しい父母はいないでしょう。

子どもたちや父母の利益になることは一生懸命になり，子どもたちや父母の不利益になることをきちんと代弁する姿勢がとれることもプロの証でもあります。保育者は子どもの最大の理解者であり，保育者が子どもの権利を代弁しなければ誰もしてくれないこともあるからです。保育者にも経営にもミッション性がなければ保育の質を高めることは難しいといえるでしょう。

(3) 労働条件

対人援助に必要な条件の第3は労働条件です。専門性を維持向上させミッション性を高めていくためには，働き続け学び続け保育者をプロとして処遇する労働環境を保障しなければなりません。賃金労働時間の保障，研修権の保障，労働組合活動の自由の保障も必要です。

すでに見てきましたように，かつて保育は「愛と奉仕の職業」でした。愛を持って奉仕するのだから低賃金長時間労働は当然であり，専門性を高めることなど無用のこととされた時代がありましたが，この21世紀に，保育者が長時間過密労働で生活保護水準にも劣る賃金レベルでよいなどということは許容されることではありません。ゆとりを持って子どもに接することができる建物施設等の物的条件とともに，人的な条件が必要です。疲れ果て意欲を持続することのできない労働条件のもとでは専門性の維持向上はありえないからです。

4 悩み深き現代日本の保育者——調査に見る現実

再考を要する保育者配置基準

このようにみていきますと，保育の質を決定づける最大の条件は保育者のありようであることがわかります。保育者の専門性が維持向上できる条件がどのように保障されているか，ということです。その条件とは職場の環境と保育者の労働条件ということができるでしょう。

第Ⅱ部
保育の質と専門性・労働条件の関係

　子どもとの関係性を深めるためには，子どもの数と保育者の数の比（保育者配置）がゆとりのある適切なものでなければなりません。その保育者が専門性を維持し向上させていくことができる労働条件を与えられていなければならないでしょう。

　具体的に見てみましょう。最大の問題は，保育者配置基準と保育者の労働条件です。

　まず，保育者の配置基準です。日本の保育者配置は児童福祉施設最低基準第33条で定められており，概ねゼロ歳児3対1以上，1〜2歳児6対1以上，3歳児20対1以上，4〜5歳児30対1以上とされています。一部の自治体でこの基準を上回る基準が作られ運用されているところがありますが，ほとんどのところがこの最低基準を事実上の基準として運用しています。そもそもこの基準自体が適切であるかどうかが問われなければなりません。

　ヨーロッパ諸国では概ね1歳以上5歳までの平均では10対1以下でしょう。私が見たスウェーデンでは親が育児休業取得のためゼロ歳児はいませんので，1歳からしか保育をしていませんが，1歳から年長さんまで縦割り保育で，ほとんどが5対1もしくは6対1でした。

　ごく普通の大人が1人で，2歳児6人を，あるいは4歳児30人を8時間みることができるでしょうか。かなり不自然で無理のある基準であることがわかります。改善されてきたとはいえ，これが現代日本の保育基準です。日本のように経済が発展した国において，20対1，30対1などという基準が存在し続けること自体が問題だといわなければなりません。先進諸国では小学校低学年でさえこのような低い基準で授業が行われていないのですから。

　しかし，この最低基準さえ規制緩和の対象とされかねない保育市場化期にあることを理解しないわけにはいきません。

6章
プロとして保育者を処遇する

ゆとりのない厳しい労働実態

　もう一つは，保育者の状態です。東京都社会福祉協議会保育士会（以下，東社協保育士会）の行った『こどものえがおにあえるから——保育者の労働実態と専門性に関するアンケート調査報告書』（2006年）（以下，東社協保育士会調査）と東京都が行った「東京都認証保育所実態調査結果報告書」から保育者のおかれている現実を見ましょう。まず，東社協保育士会調査から保育者の抱えている問題をいくつか見てみましょう。

　この調査を読み解く前提についてかんたんに触れておくこととします。この調査対象となった東京の保育士会所属の民間園正規職保育者の現在職場の平均勤続年数はほぼ8年で，年収平均は386.5万円となっています。この数字はいずれも全国の民間保育園職場よりはかなり高いと考えられます。また，都内での保育者の職員配置は地方のおよそ1.5倍程度あり，この点でも東京は日本では最高のレベルにあります。この数年で東京都は，国の基準に上乗せしてきた各種の補助を削減しはじめており，保育者の賃金をカットせざるを得ない社会福祉法人が現れ始めているなかでは，この状態が長続きする保障はないと考えられています。

　その「ゆとり」ある東京の民間の保育園職場で保育者はどのような状態にあるのでしょうか。東社協保育士会調査についてはすでに1章で詳しく触れていますので，ごく簡単に触れることとしましょう。

　第一は，保育者がゆとりのない厳しい労働実態にあることです。

　平均睡眠時間は6.18時間で，午睡時も会議連絡帳記入，保護者面談などの業務で埋まり，規定勤務時間終了後も職員会議，日誌書き，保育準備，書類整理などがあり，帰宅後も風呂敷残業があるのが一般的です。保育者が記入した1日の行動表の多くは風呂敷残業と家事育児で12時まで就寝できていない実態にあります。

　正規職では，休憩時間がほとんど取れない人が3割，30分以下の人まで含めれば6割強になります。また，年次有給休暇は年に10日以下の保育者

149

が57％となっています。過密労働である上に休みを十分にはとれていないようです。

疲れやストレスの程度も良くはありません。「不調」「やや不調」の保育者が4分の1を占め，そのうち神経症・ノイローゼ，鬱症状，頚肩腕症候群，不眠症，などの神経症状を示す人が30％を占めていることが注目されます。疲れの程度では「とても疲れる」人が37％，「いつも疲れを翌日にもちこす」人が5人に1人を占めており，ゆとりがない労働と生活であることが理解できます。

保育者のストレス構造

第二は保育者が強いストレスにさらされていることです。

保育者がもつストレスは，大きく分類して，子どもや親など実践対象の問題，職場の人間関係や労働条件の問題，自分の適性や実践力の問題の三つのジャンルがあるように思われます。

まず，実践対象である子どもと親に関わるストレスを過半数の保育者は感じています。これまでの経験や保育の仕方では対応できない子どもや保護者が増えており，保育者のバーンアウトの大きな原因となっているといわれています。

障害児だけでなく健常の子どもであっても関係性を上手に取れない子どもが増加しています。また，保育者との関係が，過剰であったり無反応であったりする親も少なくありません。従来ではほとんど問題にもならなかったことでトラブルがおき，保育者が神経を使う場面が増えています。保育者の受けるストレスは本人だけでは解決しがたいレベルになっていると考えられます。

労働条件のストレスも深刻です。最近の保育園は早朝から夜の7時，8時ごろまで保育が行われているため複雑な時差勤務体制をとるところが多く，地域の親子を対象とした一時保育や子育て支援センターによる保育な

ど，保育者はさまざまなスタイルの保育に従事しなければならなくなっています。同僚の病気や緊急事態のために時差勤務の前後に職場に入らなければならないことも少なくなく，傍から見るより保育者の労働条件はずっと劣悪です。集中して一つのことに打ち込める条件がなく，労働条件ストレスも深刻です。

　また，職場内における人間関係から受けるストレスもかなりのものです。保育者の最大の悩みは職場の人間関係です。職場内で意思疎通を行う場である職員会議の時間が十分取れなくなってきており，実践の共有も難しくなる一方で，連係プレーで保育にあたらなければならなくなっています。

　保育は感情と精神の交互作用を行う人間的な魂の労働であるため，その喜びや苦しさを分かち合いたい，という要求が生まれるのは当然のことです。4章で清水玲子さんが主張されているように，その内発的要求を相互に出し合いながら，子どもの見方や保育方法をすりあわせていく作業があって，初めて実践的力量が高まっていくのですが，そうしたことができないということは，逆に強いストレスとなって表れていると推測されます。職場の良好な人間関係があれば，保育の辛さや労働条件など他の辛さはのりこえることができる構造にあるとも読み取ることができます。

　　もっと良い実践がしたいが……
　第三は，専門性意識と実践自己評価との乖離（かいり）が見られることです。

　本調査を見ますと，ほとんどの保育者が「保育の仕事は専門性の高い仕事」と考えており，「保育の仕事に働きがい」を感じています。それに対して，仕事（実践）に対する自己評価は，「満足している」「だいたい満足している」人は13.7％でかなり低くなっています。また，「保育の仕事を続けていきたい」も正規職のほうが非正規職より少ないことも注目されます。

　一言でいえば，保育は専門性の高いやりがいのある仕事だが，現実の自

分は良い実践ができていないという実態にあります。意識と現実に落差のある矛盾した状況にあるといえます。裏返してみれば，多くの保育者が「もっと良い実践がしたい！」「もっと良い実践ができるはず！」と感じているということができます。

客観的には，東社協の保育士会に関わる保育者たちは，使命を忘れず情熱を保ち，実践も頑張っていると評価してよいでしょう。むしろ，もっと良い保育をしたいと願っていることを評価すべきでしょう。保育者を励まし，条件を整えるならば保育実践がさらに向上する可能性があると見ることができるからです。

しかしながら，景気の回復動向のなかで，保育や福祉の人材を確保することが困難になりつつあり，その可能性は狭められています。東社協の調査（2007年）によれば，最近の5年間に「職員の確保が困難になった」とする社会福祉施設の施設長が全体で6割に達し，比較的確保しやすいといわれてきた保育所の場合でも43.9％の施設長が「困難」との回答を寄せています（図表6-2）。わずかでも景気が回復すれば，人は辞めていき，新規採用ができない福祉・保育職の魅力とは何か考えさせられるものがあります。人材の量的な確保も質的な確保も困難となっており，実践向上の明るい光を見いだすことは難しくなってきています。

認証保育所の保育者状態は近未来の保育者像？

その明るい光の見えない近未来の保育者状態を先取りした現実が，すでに存在しています。東京が2001年より導入している認証保育所制度（2001年実施）です。

この認証保育所には企業が多く参入しています。導入後，事故が頻発し東京都も事故を起こさないよう指示しています。形式上国基準の保育者配置を求めていますが，正規職は保育者定数の6割以上，有資格者も6割以上で良く，無資格者が4割でも運営できる施設です。屋外遊技場（庭）が

6章
プロとして保育者を処遇する

図表6-2　施設長が職員の確保が困難と答えた割合——東京都内，2006年

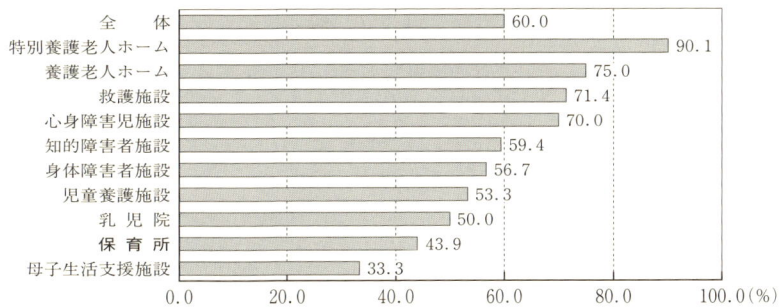

- 全体: 60.0
- 特別養護老人ホーム: 90.1
- 養護老人ホーム: 75.0
- 救護施設: 71.4
- 心身障害児施設: 70.0
- 知的障害者施設: 59.4
- 身体障害者施設: 56.7
- 児童養護施設: 53.3
- 乳児院: 50.0
- 保育所: 43.9
- 母子生活支援施設: 33.3

出所：東社協地域福祉推進委員会「社会福祉施設における人材確保と育成に関する現況と提言」2007年。

図表6-3　東京都認証保育所保育者の雇用形態

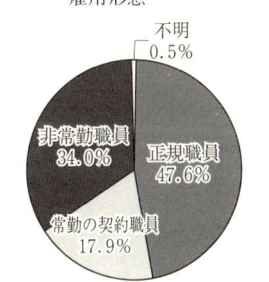

- 正規職員: 47.6%
- 非常勤職員: 34.0%
- 常勤の契約職員: 17.9%
- 不明: 0.5%

図表6-4　東京都認証保育所保育者月収

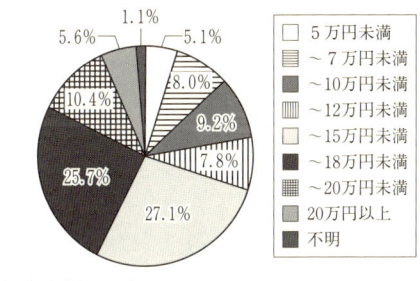

- 5万円未満: 5.1%
- ～7万円未満: 8.0%
- ～10万円未満: 9.2%
- ～12万円未満: 7.8%
- ～15万円未満: 27.1%
- ～18万円未満: 25.7%
- ～20万円未満: 10.4%
- 20万円以上: 5.6%
- 不明: 1.1%

出所：東京都『東京都認証保育所実態調査結果報告書』2004年。

図表6-5　認証保育所保育者の「今後の運営に必要なこと」（複数回答）

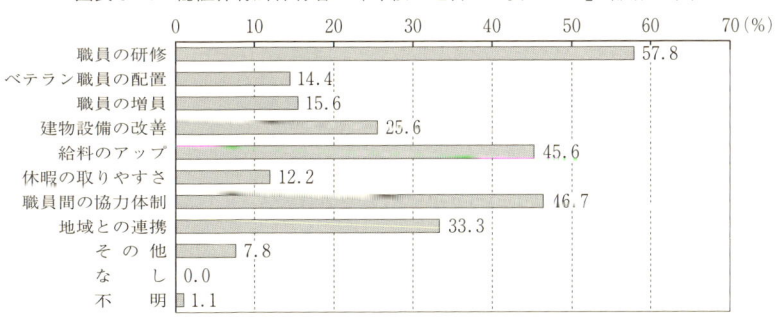

- 職員の研修: 57.8
- ベテラン職員の配置: 14.4
- 職員の増員: 15.6
- 建物設備の改善: 25.6
- 給料のアップ: 45.6
- 休暇の取りやすさ: 12.2
- 職員間の協力体制: 46.7
- 地域との連携: 33.3
- その他: 7.8
- なし: 0.0
- 不明: 1.1

出所：図表6-3と同じ。

なくても営業が認められます。また，13時間以上の開所を原則としていますが，8時間を超える保育時間については「必要な職員を加えること」以外の定めがありません。実質は児童福祉施設最低基準を下回る職員配置を容認した施設といえます。

この認証保育所を東京都自らが調査した報告書（『東京都認証保育所実態調査結果報告書』2004年）から，その保育者状態を紹介しましょう。

図表6-3，6-4に見るように，保育に従事する正規職員は47.6％に過ぎず，その給与は月額15万円に満たない保育者が57.2％に達します。図表6-5は認証保育園施設長が考える「今後の運営に必要なこと」は，「研修」がトップで57.8％，「職員間の協力体制」46.7％，「給料のアップ」45.6％と続きます。「職員の増員」も少なくありません。研修が行き届かず施設内連携がとれず，給料が上がらないだけでなく，職員も足りない状況を示しています。

東京都が示す運営費基準では，これまで，ゼロ歳児では概ね東京都の認可保育所で月額30万円強，国が20万円強であるのにたいして，この認証保育所は10万円ほどで運営できるとされています。この認証保育所では，保育者はどのような処遇を受け，保育の質はどのようなものとなるのでしょうか。この認証保育園の多くが国がすすめる認定こども園に移行するのではと見られていますが，抜本的な改善は見込めないというのが大方の見方です。

この認証保育所と認定こども園が，これからの日本の保育のスタンダードになるとすれば，保育の質はいっそうの低下を免れないといえそうです。

5 保育者をプロとして処遇してこそ

以上，日本の保育の専門性の歴史，保育の質論，現代日本の保育者が抱える問題と矛盾，保育の専門性の危機的状況について概観してきました。

そこで明らかになったことは以下の二点です。

第一は，子どもたちと肯定的な応答関係を築き，情緒的な安定性を確保し，発達を意識した働きかけを行う共感的共同的な交互作用を保育の質の内実と捉えるならば，保育者の労働条件抜きに保育の質を維持向上することは不可能であることです。専門性とミッション性は宙に浮いて存在するのではなく，労働条件という基盤があってはじめて機能するものだからです。

第二は，にもかかわらず，現代日本では，保育の専門性も保育の質も市場化の波のなかで危機にさらされつつあることです。

これらの危機を打開するためには，あるべき保育者の専門性と労働条件について，また，保育の質論について積極的な発信・提言が求められているといえるでしょう。現在，国は主として介護分野の人材不足から，1993年に作った「社会福祉事業に従事する者の確保を図るための措置に関する基本的な指針」を15年ぶりに改定する作業に入ったと言われています。改定は，介護分野におけるあまりの人材不足のため事業として成立しえなくなりつつある業界の意を受けたものと考えられますが，利益を確保するための改定ではなく，真の専門性とプロに相応しい労働条件を確保する改定でなければなりません[22]。

いずれにせよ，福祉や保育のプロをプロとして処遇することなくしてケアの質は維持向上できないことは明らかであり，そのような議論が巻き起こることを期待して，最後に，OECD（経済協力開発機構）が『乳幼児期の確かなスタートを (*Starting Strong : Early Childhood Education*)』と題する本で示した「乳幼児保育政策成功の8つの鍵（The eight key elements of successful ECEC policy）[23]」を紹介して本稿を閉じることとしたいと思います。

① 総合的で体系的な政策立案と実施
② 教育制度との対等で緊密なパートナーシップ

③ 特別な支援を必要としている子どもたちへの差別のない対応
④ 保育サービスに対する相当な公的負担と基礎制度
⑤ 保育の質を保障し向上させる利用者参加
⑥ 多様な保育施設スタッフに対する適切な研修と労働条件確保
⑦ 子どもたちの状態，保育施設，全保育労働者について系統的なデータ収集分析と制度的監視
⑧ 研究と評価に対する明確な枠組みと長期的展望

OECDの議論から言えることは，人生の不当な格差をなくすには人生の出発点から確かな発達と生活を子どもたちに保障することであり，それは社会全体のリスクを低減することにもなるということです。そのためには，少なくとも保育政策においては積極的で公的な財政負担，脱市場的で共同的な営みが必要であり，保育者の確たるプロとしての処遇が必要であるということです。[24]

日本の採ろうとしている市場化政策はOECDのいう8つの成功の鍵とは対極にあるといっても過言ではありません。

注
(1) 例えば，生田貞子・水田聖一編『教師論・保育者論』（三晃書房，2000年），田中亨胤・尾島重明・佐藤和順編著『保育者の職能論』（ミネルヴァ書房，2006年）などでは期待される資質や専門性の記述は見られますが，資質や専門性の土台となる保育者状態についてはまったく触れるところがありません。
(2) 社会福祉の歴史区分（画期）については，右田紀久惠・高澤武司・古川孝順編『社会福祉の歴史（新版）』（有斐閣，2003年）の210頁以下参照。
(3) とくに，「毎日の保育にあたる若い保母は過労で薄給であるが，そうした自己のみじめな生活をこえ毎日輝かしい希望をもって子どもたちと，また，子どもをとおしてその親たちと，同じ利害を共感しつつ生活」し保育実践にあたった帝大セツルメント託児部や亀戸無産者託児所などの専門性の高い実践が存在していたことが注目されます。
　河崎ナツ・小川實也監輯／教育機構研究会編纂『学齢前児童の諸問題』1936年。浦辺史『日本の児童問題』（新樹出版，1976年）に復刻採録されています。

(4) 鷲谷善教『社会福祉労働者』ミネルヴァ書房，1978年，19頁。
(5) 全国私立保育園連盟『保育所の現況』1961年，36〜37頁。
(6) 同前書，44頁。
(7) 全社協保母会調査部『保育所保母の労働と給与の実態』1970年，22頁。
(8) 清水玲子・ひばりの実践を研究する会『徹底して子どもの側に立つ保育』ひとなる書房，2006年，3〜6頁。
(9) 嶋さな江「保育における人間関係発達論」『現代と保育』35号，ひとなる書房，1995年。
(10) 垣内国光『民営化で保育が良くなるの？』ひとなる書房，2006年，41〜45頁。
(11) G. エスピン‐アンデルセン／岡沢憲芙・宮本太郎監訳『福祉資本主義の三つの世界』ミネルヴァ書房，2001年，13頁。
(12) 同前書，7頁。
(13) 保育行財政研究会『保育市場化のゆくすえ――アメリカ保育調査報告』自治体研究社，2001年，5頁。
(14) 三富紀敬『欧米のケアワーカー』ミネルヴァ書房，2005年，228頁，230頁。
(15) 同前書，250〜251頁。
(16) 金田利子・諏訪きぬ・土方弘子編『「保育の質」の探求』ミネルヴァ書房，2000年，20頁。
(17) この点については，大宮勇雄『保育の質を高める』（ひとなる書房，2006年）の第2章を参照のこと。
(18) 同前書，72〜73頁。
(19) http://www.naeyc.org/academy/stndards/
(20) 蛇足ですが，アメリカは日本のような公的な医療保険制度のない国としても有名であり，医療の質についても議論がなされています。保育にも参考となりますので紹介しておきましょう。米国医療の質委員会と医学研修所が2002年に著した *A New Health Systm for the 21st Century*（日本語訳：医学ジャーナリスト協会訳『医療の質――谷間を越えて21世紀システムへ』日本評論社，2002年，284頁）では「医療の質は，① 構造，② プロセス，③ アウトカムから評価できる」としています。「構造」とは「医療システムがもつ能力」ことであり，「プロセス」とは「臨床担当者と患者の間の相互作用」であり，「アウトカム」とは「患者の健康状態に与えた変化に関するエビデンス（証拠：筆者）」であり，それを評価することで医療の質がわかると言います。医療には医師以外に多くの専門家と機関が関わっており，医療行為も多様で複雑です。保育と同列には論じられませんが，評価されるべきポイントが，機

関や専門家の力量とその力量が発揮しうる構造としての専門的能力，交互作用，証拠（結果）の3つと理解するならば，評価の視点が保育とよく似ていることが読み取れます。

(21) はじめてこの3つの条件について触れたのは次の本です。そこでは，「福祉労働の3つのベクトル」として示しました。

植田章・垣内国光・加藤薗子編『社会福祉労働の専門性と現実――21世紀の社会福祉3巻』かもがわ出版，2002年，224～225頁。

(22) この「社会福祉事業に従事する者の確保を図るための措置に関する基本的な指針」改定に対して，全国福祉保育労働組合は賃金について「公務員賃金の水準を基礎に，職務の特殊性，専門性を考慮した適切な水準」を明記するよう要求しています。

全国福祉保育労働組合『福祉のなかま情報板 No. 160』2007年5月，17頁。

(23) OECD, *Starting Storong Early Childhood Education and Care*, 2001, p. 126.

(24) なお，OECDは2006年に *Starting Strong II* を新たに出版し，OECD各国の保育の実情を明らかにしています。残念ながら，日本の記述は見られませんが，次の指摘が目を引きます。

「保育者のあり方が良質の保育サービスの鍵となっていることを各国が認めています。OECDの2005年保育者調査で明らかにされたことは，もし，保育者が質の良い実践を提供すべきだと考えるなら，しっかりした保育者養成と良好な労働条件が必要であることです。」

OECD, *Starting Strong II Early Childhood Education and Care*, 2006, p. 157.

資　料
「保育者の労働環境と専門性に関する調査」
調査票

＊本調査の調査票の一部または全てを無断で使用しないでください。使用する際は，必ず東社協保育士会事務局まで，連絡くださるようにお願いいたします。

保育者の労働実態と専門性に関するアンケート調査

アンケート記入にあたってのお願い

以下の調査は保育所の保育を担当されている方を対象とする調査です。子ども達に直接関わる方を対象としています。保育士資格をお持ちでない方も、幼稚園教諭、看護師、保健師などの資格をお持ちの方もすべてお答え下さい。また、非常勤保育士、短時間保育士、パートの方など正規職員でない方もお答え下さい。
今回は、園長や調理員、栄養士、用務などの方は、調査の対象となりません。
以下の調査は、2005年5月末日現在でお答え下さい。
お尋ねするする内容はプライバシーに関わる内容が多く含まれています。可能な限りお答えいただくことを希望しますが、ご無理な場合はその項目を記入せず無回答としてください。

【あなたのことについてお尋ねします】

1、性別をお答え下さい
　　1、男　　2、女

2、あなたは満何歳ですか
　　1、20歳～24歳　　2、25歳～29歳　　3、30歳～34歳　　4、35歳～39歳
　　5、40歳～44歳　　6、45歳～49歳　　7、50歳～54歳　　8、55歳以上

3、あなたのご家族はあなたを含めて何人ですか（別居の家族を含む）
　　1、1人　　2、2人　　3、3人　　4、4人　　5、5人　　6、6人以上

4、あなたは、ご家族の中で最も収入がありますか
　　1、はい　　2、いいえ

5、あなたが、お持ちの資格は何ですか（○は幾つでも）
　　1、保育士　2、看護師　3、保健師　4、幼稚園教諭　5、教職免許　6、その他（　　　　　）

6、あなたの勤務する保育園は次のうちどれですか（○は一つのみ）
　　1、公設民営保育所　　2、民間（社会福祉法人）保育所　　3、その他（　　　　　）

8、あなたの勤務先の所在地はどちらですか
　　東京都（市区町村名）_____

【あなたの仕事のことについてお尋ねします】

9、勤務先でのあなたの身分はどれですか
　　1、正規職員　→　問10へ　　2、それ以外の職員　→　問17へ

＜正規職員の方にお尋ねします＞

10、あなたは保育園で主にどんな仕事をされていますか（○は一つ）
　　1、主任保育士（又は副主任、それにあたる役職）　2、クラス担当保育士　　3、フリー保育士
　　4、子育て支援担当保育士　　5、一時保育担当保育士　　6、延長保育担当保育士
　　7、障害児担当保育士　　8、その他（　　　　　）

資　料

11，あなたの有資格での保育士または看護師経験年数は何年ですか。(勤務先を変わった場合は通算してください。公立保育所、無認可保育所、児童養護施設、乳児院、幼稚園などを含む)
　　1，1年未満　　2，1年以上5年未満　　3，5年以上10年未満
　　4，10年以上15年未満　　5，15年以上20年未満　　6，20年以上25年未満
　　7，25年以上30年未満　　8，30年以上　　9，その他（　　　　　）

12，現在の保育職場の勤続年数は何年ですか（同じ法人内での移動は通算してください）
　　1，1年未満　　2，1年以上5年未満　　3，5年以上10年未満
　　4，10年以上15年未満　　5，15年以上20年未満　　6，20年以上25年未満
　　7，25年以上30年未満　　8，30年以上　　9，その他（　　　　　）

13，一日の出勤から退勤までの拘束時間（時間外は除き、休憩時間は入る）は、どれ位ですか
　　　　　　　（　　　）時間（　　　）分

14，上記の時間の中で休憩（子どもから離れて）は、平均してどの位とれますか
　　　　（一番近いと思うところに○をして下さい）
　　1，1時間程度はとれる　　2，45分程度はとれる　　3，30分程度はとれる
　　4，15分程度はとれる　　5，ほとんどとれない　　6，その他（　　　　　　　）

15，時間外労働についてお尋ねします
　　（1）時間外労働はありますか
　　1，時間外労働はほとんどない　→　問16へ
　　2，時間外労働がある　→　（2）（3）へ

　　（2）一ヶ月の時間外労働は平均でどれ位ですか
　　1，5時間未満　　2，5時間以上10時間未満　　3，10時間以上20時間未満
　　4，20時間以上30時間未満　　5，30時間以上

　　（3）時間外労働手当は支給されていますか
　　1，支給されている　→　問16へ
　　2，支給されるものとされないものがある　→　（4）へ
　　3，支給されていない　→　（4）へ
　　4，その他（　　　　　　　　　　）

　　（4）支給されていない時間外労働には、どんなことがありますか。下記に記述してください。
　　（　　　　　　　　　　　　　　　　　　　　　　　　　　　　　）

16，よろしければ、あなたが保育職場で得た昨年の税込み年収（ボーナス・一時金などを含む）を教えて下さい（賃金を得た月が12ヶ月に満たない場合は賃金を得た月数と金額をご記入下さい）
　　1，250万未満　　2，250万以上300万未満　　3，300万以上350万未満
　　4，350万以上400万未満　　5，400万以上450万未満
　　6，450万以上500万未満　　7，500万以上550万未満
　　8，550万以上600万未満　　9，600万以上　　10，その他（　　　　　　）
　　＜12ヶ月に満たない場合（　　）ヶ月分（　　　　　）円＞

＜正規職員以外の方にお尋ねします＞

１７，あなたの保育士または看護師経験年数は何年ですか
　　　１、１年未満　　２、１年以上５年未満　　３、５年以上１０年未満
　　　４、１０年以上１５年未満　　５、１５年以上２０年未満　　６、２０年以上２５年未満
　　　７、２５年以上３０年未満　　８、３０年以上　　９、その他（　　　　　　　）

１８，現在の保育職場の勤務年数は何年ですか（同じ法人内での移動は通算して下さい）
　　　１、１年未満　　２、１年以上５年未満　　３、５年以上１０年未満
　　　４、１０年以上１５年未満　　５、１５年以上２０年未満　　６、２０年以上２５年未満
　　　７、２５年以上３０年未満　　８、３０年以上　　９、その他（　　　　　　　）

１９，一日の実労働時間（休憩を除く）は何時間ですか
　　　１、４時間未満　　２、４時間以上６時間未満　　３、６時間以上８時間未満
　　　４、８時間以上　　５、その他（　　　　　　　　）

２０，よろしければ、あなたが保育園職場で得た昨年の税込み年収を教えて下さい
　　　（賃金を得た月が１２ヶ月に満たない場合は賃金を得た月数と金額をご記入下さい）
　　　１、５０万未満　　２、５０万以上１００万未満　　３、１００万以上１５０万未満
　　　４、１５０万以上２００万未満　　５、２００万以上２５０万未満
　　　６、２５０万以上３００万未満　　７、３００万以上　　８、その他（　　　　　　　）
　　　＜１２ヶ月に満たない場合（　　　）ヶ月（　　　　　　）円＞

＜ここからはすべての方への質問です＞

２１，あなたは職場で社会保険に加入していますか（国民年金、国民健康保険は除く）
　　　１、加入している　　２、加入していない　　３、わからない　　４、その他（　　　　　）

２２，有給休暇についてお尋ねします
　（１）あなたの職場には有給休暇はありますか
　　　１、ある→（２）へ　　２、ない→問２３へ　　３、わからない　　４、その他（　　　　　）

　（２）昨年度（２００４年度）年次有給休暇は何日ありましたか
　　　（　　　）日

　（３）そのうち、有給休暇を何日取りましたか
　　　（　　　）日

２３，あなたは保育士会に加入していますか
　　　１、加入している　　２、加入していない

２４，労働組合についてお尋ねします
　（１）あなたの職場には労働組合がありますか
　　　１、ある→（２）へ　　２、ない→問２５へ　　３、わからない→問２５へ

　（２）あなたは労働組合に加入していますか
　　　１、加入している　　２、加入していない

２５，あなたは同僚の賃金を知っていますか
　　　１、だいたい知っている　　２、何人かは知っている　　３、全く解らない

資料

＜保育の専門性に関わる問題についてお尋ねします＞

２６，職場内の研修についてお尋ねします

（１）あなたの職場内で、保育内容や保育制度に関する学習会や研修（日常的な職員会議、保育打ち合わせは除く）が行われていますか（同じ法人内を含む）
　　１、行われている　→　（２）へ　　２、行われていない　→　問２７へ

（２）この一年で学習会や研修は何回ぐらい行われましたか
　　　（　　　　　）回

２７，職場外での研修についてお尋ねします

（１）あなたの職場では、職場外の研修会や学習会に参加できる保障がありますか
　　１、ある　　２、ない　　３、その他（　　　　　）

（２）あなたは自費で保育に関わる職場外の研修や研究会に参加していますか
　　１、参加している　→　（３）へ　　２、参加していない　→　問２８へ

（３）この一年間で職場外の研修に何回参加しましたか
　　　（　　　　　）回

２８，保育に関する参考図書や資料・教材の購入についてお尋ねします

（１）あなたは、自費で、この一年間に保育に関する参考図書や資料・教材を購入しましたか
　　１、ある　→　（２）へ　　　　２、ない　→　（３）へ

（２）その購入には、どの位の費用がかかりましたか。
　　　（　　　　　　　）円

（３）自分で参考図書や資料、教材を購入しない方は、どのようにされていますか（○は幾つでも）
　　１、園にあるものを使っている　　２、園で購入してもらっている
　　３、先輩や同僚などに借りている　　４、図書館などを利用している
　　５、その他（　　　　　　　　　　　　　　　）

２９，保育計画についてお尋ねします

（１）年間保育計画づくりはどのように行っていますか（○は一つ）
　　１、毎年、前年度のものを基に職員で検討して作っている
　　２、もともと定まったものがあり、そのまま使っている
　　３、あると思うが見たことがないので、わからない
　　４、ないと思う
　　５、その他（　　　　　　　　　　　　　　　　）

（２）月案や週案、日案づくりはどのように行っていますか（○は一つ）
　　１、主に自分で作る（共に担当する保育士と相談して作る場合を含む）
　　２、前からある保育案をもとに、それをアレンジして作る
　　３、もともと定まった保育案があり、そのまま使っている
　　４、園長又は主任の指示に沿って作っている

    5，保育案づくりには、関わっていない
    6，その他（　　　　　　　　　　　　　　）
 ３０，日々の保育実践はどのように行っていますか（○は一つ）
    1，保育計画・保育案に沿いながら、子どもの状況に合わせて実践している
    2，特に保育計画・保育案にこだわらず、子どもの状況に合わせて実践している
    3，クラス担任の指示に沿って実践している
    4，園長又は主任の指示に沿って実践している
    5，その他（　　　　　　　　　　　　　　）

 ３１，子どもの家庭や地域との連携についてお尋ねします
 （１）あなたは家庭との連携について、どのようにお考えですか（○は一つ）
    1，日常的に連携を深めていくべきだと思う
    2，行事や保護者会などで連携をはかればよいと思う
    3，問題がある場合を除けば、積極的に連携をとる必要はない
    4，その他（　　　　　　　　　　　　　　）

 （２）あなたは保育園が地域の子育て支援をすすめていくことについて　どのようにお考えですか
    （○は一つ）
    1，積極的に支援をすすめていくべきだと思う
    2，日常の保育に支障がない程度で支援を行っていけばよいと思う
    3，特に保育園が子育て支援をすすめていく必要はないと思う
    4，その他（　　　　　　　　　　　　　　）

 ３２，子どもの権利条約についてお尋ねします（○は幾つでも）
    1，職場内で学習会したことがある
    2，職場以外での学習会に参加したことがある
    3，本や資料を読んだことがある
    4，特に学ぶ機会がなかった
    5，その他（　　　　　　　　　　　　　　）

 ３３，全国保育士会倫理綱領についてお尋ねします（○は一つ）
    1，職場内・外で内容を学習したことがある
    2，本や資料を読んだことがある
    3，あることは知っているが内容はよく知らない
    4，あることを知らない
    5，その他（　　　　　　　　　　　　　　）

 ３４，保育の仕事に就かれた理由は何ですか（○は三つ以内）
    1，子どもが好きだから
    2，小さい頃から憧れていた職業だったから
    3，福祉関係の仕事に就きたかったから
    4，発達に関わる仕事に就きたかったから
    5，やりがいのある仕事だから
    6，他に適切な仕事が見つからなかったから
    7，安定している仕事（収入や労働面で）だと思ったから
    8，教師や親に勧められたから
    9，資格を生かしたかったから
   10，その他（　　　　　　　　　　　　　　）

資料

３５，保育実践をしていく中で感じていることについてお尋ねします
　（１）実践で行き詰まったりした時に専門的なレベルで相談できる人、支えてくれる人がいますか
　　　１、いる　→（２）へ　　２、いない　→　問３６へ
　（２）それはどなたですか（○は二つ以内）
　　　１、同じ職場の園長
　　　２、同じ職場の先輩・同僚
　　　３、異なる保育園に勤める園長・先輩・友達など
　　　４、学生時代の友人・先生
　　　５、所属する研究会や保育士会の仲間
　　　６、その他（　　　　　　　　　　　　　　　　　）

３６，あなたの周囲に保育実践のモデルとなるような尊敬できる保育者がいますか
　　　１、いる　　２、いない　　３、どちらとも言えない　　４、その他（　　　　　　　　　）

３７，保育の専門性についてお尋ねします
　（１）保育の仕事は専門性の高い仕事だと思いますか（○は一つ）
　　　１、そう思う　→（２）へ
　　　２、どちらかと言えばそう思う　→（２）へ
　　　３、どちらとも言えない　→　問３８へ
　　　４、どちらかと言えばそう思わない　→　問３８へ
　　　５、思わない　→　問３８へ

　（２）「そう思う」「どちらかと言えばそう思う」とお答えの方にお尋ねします
　　Ａ　あなたはご自身がやりたいと考える専門性のある実践ができていますか
　　　１、実践できている
　　　２、だいたい実践できている
　　　３、どちらとも言えない
　　　４、あまり実践できていない
　　　５、全く実践できていない

　　Ｂ　その専門性に見合った賃金・労働条件は確保されていますか
　　　１、確保されている
　　　２、だいたい確保されている
　　　３、どちらとも言えない
　　　４、あまり確保されていない
　　　５、全く確保されていない

３８，保育者の専門性を高めるために必要なことはどんなことですか（○は三つ以内）
　　　１、研究会や研修での学習
　　　２、ある程度の保育経験
　　　３、専門的な機関（短大・大学・大学院など）での再教育
　　　４、生活できる賃金・休暇が取れるなどの労働条件の整備
　　　５、適切な受け持ち人数の改善
　　　６、職場における実践に関する討議をする時間
　　　７、職場の良好な人間関係
　　　８、優れた指導者
　　　９、保育者として常に向上しようとする姿勢や使命の自覚
　　１０、豊かな人間性を培うための文化的経験や自然探索など趣味を楽しむ時間
　　１１、その他（　　　　　　　　　　　　　　　）

165

【あなたの健康状態・ストレスについてお尋ねします】

39,（1）現在の健康状態についてお尋ねします（○は一つ）
　　　1、健康である　→　問40へ
　　　2、まあまあ健康である　→　問40へ
　　　3、やや不調である　→（2）へ
　　　4、不調である　→（2）へ

　（2）「やや不調である」「不調である」とお答えの方にお尋ねします
　　　どんなところが具合が悪いですか（○は幾つでも）
　　　1、胃腸病　2、高血圧　3、高脂血症　4、神経痛・リウマチ　5、肝臓病
　　　6、心臓病　7、糖尿病　8、喘息　9、歯に関する病気　10、神経症・ノイローゼ
　　　11、鬱症状　12、頸肩腕症候群　13、腰痛　14、痛風　15、不眠症
　　　16、偏頭痛　17、アレルギー症状　18、その他（　　　　　　　　　）

40,この2年間に3ヶ月以上通院又は入院したことはありますか
　　　1、ある　2、ない

41,（1）健康の維持やストレス解消のために、普段よく行っていることがありますか
　　　1、ある　→（2）へ　2、ない　→問42へ

　　　（2）「ある」とお答えの方にお尋ねします。どんなことを行っていますか（○は幾つでも）
　　　1、散歩・たいそう・ジョギングなどの軽い運動を行っている
　　　2、テニス・卓球・ゴルフなどの球技や水泳などのスポーツを行っている
　　　3、野菜を多く摂取するなど食事に気を付けている
　　　4、健康食品・栄養剤などを摂取している
　　　5、酒を飲まないようにしている。または、酒量を減らしている
　　　6、たばこを吸わないようにしている　7、睡眠をよくとるようにしている
　　　8、ストレッチやマッサージなどを行っている
　　　9、旅行や食事などに出かける　10、ショッピングに出かける
　　　11、友人との会話を楽しむ
　　　12、コンサートや映画・演劇・美術鑑賞など、文化的なものに触れる
　　　13、その他（　　　　　　　　　）

42,（1）通常の仕事で身体の疲れはどの程度ですか
　　　1、とても疲れる　→（2）へ
　　　2、やや疲れる　→（2）へ
　　　3、どちらとも言えない　→問43へ
　　　4、あまり疲れない　→問43へ
　　　5、疲れない　→問43へ

　　（2）「とても疲れる」「やや疲れる」とお答えの方にお尋ねします。主に身体のどこが疲れますか
　　　　（○は二つ以内）
　　　1、身体が全体的に疲れる　2、目が疲れる　3、肩・腕・手が疲れる
　　　4、腰が疲れる　5、足が疲れる　6、その他の部位（　　　　　　　　　）

43,あなたの疲労回復状況は次のどれですか
　　　1、いつも前日の疲れを持ち越している　2、前日の疲れを持ち越すことが時々ある
　　　3、一晩で疲れは回復する　4、その他（　　　　　　　　　）

４４，あなたの平均睡眠時間はどれぐらいですか
　　　（　　　　　　）時間

４５，通常の仕事が原因でイライラすることがありますか
　　　１、よくある　　２、時々ある　　３、あまりない　　４、ない

４６，仕事が原因で眠れないことがありますか
　　　１、よくある　　２、時々ある　　３、あまりない　　４、ない

４７，職業生活に関する不安、ストレスについてお尋ねします
（１）自分の仕事ぶりをどう感じていますか
　１、良い保育実践ができているとは思わない
　２、あまり良い保育実践ができているとは思えない
　３、どちらとも言えない
　４、自分の保育実践にはだいたい満足している
　５、満足している

（２）受け持ち子ども数についてどう感じていますか
　１、多すぎる　　２、適正である　　３、少なすぎる

（３）あなたは保育の仕事に向いていると思いますか
　１、まったくむいてない　　２、あまり向いてない　　３、どちらとも言えない
　４、それなりに向いている　　５、向いている

（４）処遇の難しい子どもの問題などでストレスを感じることがありますか
　１、よく感じる　　２、時々感じる　　３、どちらとも言えない
　４、あまり感じない　　５、感じない

（５）親との関係でストレスを感じることがありますか
　１、よく感じる　　２、時々感じる　　３、どちらとも言えない
　４、あまり感じない　　５、感じない

（６）職場の人間関係でストレスを感じることがありますか
　１、よく感じる　　２、時々感じる　　３、どちらとも言えない
　４、あまり感じない　　５、感じない

（７）雇用・賃金・労働時間・移動などの労働条件の問題でストレスを感じることがありますか
　１、よく感じる　　２、時々感じる　　３、どちらとも言えない
　４、あまり感じない　　５、感じない

（８）あなたの保育実践は評価されていると思いますか
　１、評価されていない　　２、あまり評価されていない　　３、どちらとも言えない
　４、それなりに評価されている　　５、評価されている

（９）あなたは仕事がおもしろくなくなったり、仕事に行くことが嫌になったりすることがありますか
　１、よくある　　２、時々ある　　３、あまりない　　４全くない

４８，保育の仕事に働きがいを感じますか
　１、感じる　　２、少し感じる　　３、どちらとも言えない　　４、あまり感じない　　５、ない

49,（1）保育の仕事を続けたいですか（○は一つ）
　　　　1、続けていきたい　　2、どちらかと言えば続けていきたい
　　　　3、できることなら辞めたい　→（2）へ
　　　　4、今すぐにでも辞めたい　→（2）へ

　　（2）「できることなら辞めたい」「今すぐにでも辞めたい」とお答えの方にお尋ねします。
　　　　辞めたい理由は何ですか

【保育士の労働環境と専門性の問題について意見がございましたら、
　　　　　　　　　　　　　　　　　　　ご自由にお書き下さい】

資　料

【昨日のあなたの一日の行動についてお尋ねします】

　あなたが仕事を行った日の一日について、起床・食事・通勤・出勤・保育（外遊び・散歩・給食・昼寝など）・休憩・会議・保育士会や組合などの活動・研修・買い物・文化活動・食事作り・洗濯・入浴・子どもやお年寄りの世話・読書・スポーツ・持ち帰った仕事・睡眠などできるだけ詳しく行動を記入してください。

　可能であれば１０分刻みで時間を記入しながらお書き下さい。昨日が仕事が休みの場合は、一昨日または今日の行動についてご記入下さい。

＜　　月　　日　　曜日＞

01:00
02:00
03:00
04:00
05:00

06:00

07:00

08:00

09:00

10:00

11:00

12:00

13:00

14:00

15:00

16:00

17:00

18:00

19:00

20:00

21:00

22:00

23:00

24:00

さくいん

あ

愛と奉仕の聖職期　125
甘え　94, 95, 99
雨傘デモ　4
アメリカにおける保育の質論　142
アメリカの保育現場　139
アレルギー症状　36
いいかげんさ　108
育児保険構想　135
石原都政　76
1日の拘束時間　28
1日の行動事例　66
一回性　118, 119
1歳　93
　　——後半　93
鬱症状　36, 64
栄養士　9
エスピン-アンデルセン, G.　138, 140
NAEYC　→全米幼児教育協会　145
選べる状況　93
園だより　52
延長保育　75
園づくりの目標（こんな保育園になりたい）　131
園内研修　28
OECD（経済協力開発機構）　155
大宮勇雄　113
おもしろさ　107, 108, 111
親との関係　38

か

革新都政　9, 76
学級崩壊　116
家庭との連携　31
家庭の事情　95
「神奈川縣下に於ける施設社会事業従事者の待遇に関する調査」（神奈川縣社會事業協會）　126
金田利子　142
がまん　93
看護師　9, 69
完全給食　9
気質の問題　96
起床時間　50
「規制改革推進のための第1次答申——規制の集中改革プログラム」2007年5月30日（規制改革会議）　134
気になる子ども　115
休憩・休憩時間　28, 61
給食部会　10, 12
共感的共同的な交互作用　142
共同の論理　134
業務の裁量性　62
勤務時間のローテーション　30
偶然性　108
組合活動　71
クラスだより　52
グループサイズ　144
計画性　108, 120
計画と実践の関係　110
経験　146
ケース会議　9
月案　31, 52
健康状態　64

171

研修費　6
公共的保育実践　131
公私格差是正　8, 16, 30, 130, 149
構造改革路線　133
コーラス部　12
子育て支援　31, 130
子育てって楽しいよ　79
国家資格　16
子ども同士の関係　95
子どものおかれた状況から理解する視点　94
子どもの気質から理解する視点　95
子どもの権利条約　33, 62
子どもの実像　92
子どもへの責任　123
子ども理解　92

さ

最低基準　128
裁量権・裁量性　67, 82, 146
産休　84
残業　66
3歳児　93
資格　146
自覚的実践主体の基盤　133
自我形成　116, 117
時間外労働　28, 61
仕事継続意志　65
仕事と家庭の両立　75
自己内対話能力　117
時差勤務体制　150
市場化　70, 133
実習生指導　51
実践記録　107
実践への自己評価　63
児童福祉施設最低基準　132
　──33条　148
児童福祉法　128

──一部改正　16
自分の保育実践　38
嶋さな江　131
清水玲子　130, 151
使命性　146
社会事業従事者　127
社会的評価　63
「社会福祉事業に従事する者の確保を図るための措置に関する基本的な指針」　155
社会福祉士法案　18
ジャンクジョブ　141
週案　31, 52
自由意見　42
就学前の子どもに関する教育，保育等の総合的な提供の推進に関する法律（認定こども園法）　135
充実保母　9
就寝時間　50
出産　73
主任部会　10, 12, 13
障害児保育　9, 130
条件の質　143
情動・同調要求　116
ショーン，ドナルド　120
職員会議　9, 51, 151
職員集団　8
　──の連帯　102
職員と子どもの比率　144
職員の意識改革　81
職員の訓練と教育歴　144
処遇の難しい子どもの問題　38
職業病　64
職能団体　5
職場外研修　30, 31, 62, 81
職場で実践に関する討議をする時間　36
職場内研修　30, 62
職場の人間関係　8, 38, 65, 151

さくいん

──ストレス　75
──の悩み　101
人勧凍結反対　76
神経症・ノイローゼ　64
人材の量的な確保　152
人事考課　80
信頼関係　102
睡眠時間　64
スーパーバイザー　63
スカー，サンドラ　143
ストレス　64
正規職員　60
聖職　125
全社協保母会　4, 5, 18
全社協保育士会　19
全米幼児教育協会（NAEYC）　144
専門職　18, 20
専門職化期　125
──後期　129
──前期　127
専門性　34, 59, 105, 125, 145
──をめぐる議論　141
専門性意識と実践自己評価との乖離　151
専門的技術・専門的知識　62, 148
想像力　117
相談相手　33
即興性　118, 119
退職保育者の会　14

た

対人援助労働　64, 69
多重責務　66
抱っこ　99
『多摩地域における民間保育園の労働条件等の実態と保育士の意識』（三鷹労政事務所）　60
探索・探究要求　116

中央児童福祉審議会　15, 18
長時間保育　9, 130
賃金　34
──水準　30
『賃金構造基本統計調査（平成16年）』（厚生労働省）　61
疲れの程度　36
疲れやストレス　150
帝大セツルメント託児部　126
dead-end job　140
東京退職保育者の会　12
『東京都認証保育所実態調査結果報告書』（東京都）　149, 154
東京都保育所労働組合　4, 9
東京保母の会　1
東社協保母の会（東京都社会福祉協議会保母の会）　1, 3, 6, 8
『東社協保母の会10年史』　3
当番表づくり　52
童謡デモ　4
同僚の賃金　61
都加算補助　16
共育て　114
トラブルメーカー　115

な

仲間関係　82
仲村優一　18
中山徹　139
二階建て保母　9
2歳児　93
西蒲田保育園　135
二重保育　75
日案　31
日誌書き　51, 52
日本社会事業職員組合　8
乳児保育　9, 130

173

『乳幼児期の確かなスタートを（Starting Strong：Early Childhood Education）』（OECD） *155*
乳幼児保育政策成功の8つの鍵 *155*
人間関係 *36*
　——のトラブル *103*
人間を磨く *82*
認証保育所制度 *16, 152*
認定こども園 *135*
年間計画 *31*
　——づくり *62*

は————————————

バーンアウト *69, 150*
バウチャー制度 *133*
働きがい *40, 65*
発達から理解する視点 *92*
反省的実践家 *121*
反復性 *120*
非正規職員 *26, 60*
人と関わる力 *116*
ひばり保育園（東久留米市） *130, 135, 142*
ひらめき *108, 119*
疲労回復状況 *64*
副食 *9*
福留光子 *130*
藤田照子 *19, 20*
二葉幼稚園 *126*
父母懇談会準備 *51*
父母と保育者の共同的関係 *134*
不眠症 *36, 64*
風呂敷残業 *149*
プロセスの質 *143*
プロの保育者 *80*
平均勤続年数 *26, 61*
平均睡眠時間 *38, 50, 149*
平均年額賃金 *61*

平均年齢 *60*
偏頭痛 *36*
保育
　——における交互作用 *143*
　——の安定性 *144*
　——の公共性 *134*
　——の仕事に就いた理由 *33*
　——の仕事は将来性のない仕事 *140*
　——の専門性 *70*
　——引き継ぎ *51*
保育案づくり *31*
保育基準（Early Childhood Program Standard） *144*
保育計画 *107, 108*
　——づくり *31, 62*
保育経験 *36*
保育研究部会 *10, 12*
保育士 *16, 132*
　——の国家資格化 *19*
　——の賃金 *129, 140*
保育士資格 *16, 26, 105*
保育市場化期 *125*
保育実践のモデル *33*
保育実践論 *110*
保育士法 *18*
保育者
　——としての向上心 *36*
　——になった動機 *63*
　——の1日 *50*
　——の実践力量 *117*
　——のストレス構造 *150*
　——の専門性 *120*
　——のひらめき *107*
　——の平均勤続年数 *149*
保育者配置基準 *128, 147*
保育者論 *125*
保育準備 *28, 51, 52*

さくいん

保育所措置費　4
『保育所の現況』（全国私立保育園連盟）　128
「保育所の設置認可等について」1963年3月19日（271号通達）　134
「保育所の設置認可等について」2000年3月30日（295号通達）　134
保育所保育指針　15
保育所保育要領　5
保育日誌記録　51
保育の質　125, 141, 142
保育の質を確保するための3条件　145
『保育の質を高める』（大宮勇雄）　143
保育問題検討会　16
保健師免許　26
保健部会　10, 12
保護者との話し合い　28, 51

ま
マイナーな専門家　120
マニュアル化された保育　67
身勝手な要求を繰り返す親　112
ミッション　61
　──性　62, 63, 145, 146
三富紀敬　140
美濃部革新都政　130

民営化　135
『民間施設職員の現況』　8
目の前の子ども　92
持ち帰りの仕事　52, 64
もっと良い実践がしたい　152
モデルの存在　63

や
有給休暇　30
幼稚園教諭免許　26, 105
腰痛　36, 64
よくつかめない子　96
予備保母　9
4歳児　94

ら・わ
利用者主権　114
臨時職員　70
連絡帳記入　51
労働環境　59
　──の質　143
労働時間　28
労働条件　34, 38, 123, 145, 147
別れの「儀式」　93
鷲谷善教　127

執筆者紹介 （所属，執筆分担，執筆順，＊は編著者）

福留 光子（東社協保育士会前事務局長：序章）

横井美保子（東社協保育士会事務局長：1章）

＊垣内 国光（編著者紹介参照：2章，3章，6章）

清水 玲子（東洋大学ライフデザイン学部教授：4章）

加藤 繁美（山梨大学教育人間科学部教授：5章）

♪ 3章シンポジウム参加者
　山本ゆかり（東京都江戸川区・なの花保育園）
　佐藤　和美（東京都北区・労働者クラブ保育園）
　大塚さえ子（東京都東村山市・つぼみ保育園）
　藤原　恵子（東京都杉並区・高井戸保育園）

本文イラスト
　須田千鶴子（東京都足立区新田保育園保育士）

《編著者紹介》

垣内国光（かきうち・くにみつ）

1975年　日本社会事業大学社会福祉学部卒業。
1979年　法政大学大学院社会学専攻修士課程修了。
現　在　明星大学人文学部教授。
主　著　『子育て支援の現在』（編著）ミネルヴァ書房，2002年。
　　　　『民営化で保育が良くなるの？』ひとなる書房，2006年。

東社協保育士会（とうしゃきょうほいくしかい）

正式名称　東京都社会福祉協議会保育部会保育士会。
1956年　結成。
現　在　会員1,100人（2006年度）。
連絡先　〒171-0031　東京都豊島区目白3-2-9
　　　　TEL 03(3953)8214

	MINERVA 福祉ライブラリー⑭
	保育者の現在

2007年10月30日　初版第1刷発行　　　〈検印廃止〉

定価はカバーに
表示しています

編著者　垣　内　国　光
　　　　東社協保育士会
発行者　杉　田　啓　三
印刷者　後　藤　俊　治

発行所　株式会社　ミネルヴァ書房
607-8494　京都市山科区日ノ岡堤谷町1
電話代表　(075)581-5191番
振替口座　01020-0-8076番

© 垣内国光他，2007　　冨山房インターナショナル・兼文堂

ISBN 978-4-623-04991-2
Printed in Japan

竹中哲夫・垣内国光・増山　均編著
新・子どもの世界と福祉　　本体2800円

垣内国光・櫻谷真理子編著
子育て支援の現在　　本体2600円

山本清洋・住居広士監修／秋田裕子著
こうすればできるよ！子どもの運動　　本体1800円

山崎律子・廣田治久編／余暇問題研究所著
からだを動かすゲーム　　本体1800円

山崎律子・廣田治久編／余暇問題研究所著
ごっこ（模倣）あそび　　本体1800円

———— ミネルヴァ書房 ————

http://www.minervashobo.co.jp/